# 教子有方

家長應懂的心理法則

# 教子有方
## 家長應懂的心理法則

王春永 編著

| | | |
|---|---|---|
| 責任編輯 | | 俞笛 |
| 美術設計 | | 鍾文君 |

書　　名　教子有方——家長應懂的心理法則

編　　著　王春永

出　　版　三聯書店（香港）有限公司

香港北角英皇道 499 號北角工業大廈 20 樓

Joint Publishing (H.K.) Co., Ltd.

20/F., North Point Industrial Building,

499 King's Road, North Point, Hong Kong

香港發行　香港聯合書刊物流有限公司

香港新界大埔汀麗路 36 號 3 字樓

印　　刷　陽光印刷製本廠

香港柴灣安業街 3 號 6 字樓

版　　次　2012 年 6 月香港第一版第一次印刷

2013 年 7 月香港第一版第二次印刷

規　　格　大 32 開（140 × 203 mm）308 面

國際書號　ISBN 978-962-04-3229-3

# 目錄

### 第一部分　情商比智商更重要

1 自我效能感：怎樣培養孩子的自信心？　~~~002

2 延遲滿足：怎樣培養孩子的耐性？　~~~007

3 鐘擺效應：孩子喜歡發脾氣怎麼辦？　~~~013

4 淬火效應：怎樣讓孩子面對挫折？　~~~017

5 德韋克實驗：為什麼不要總誇孩子聰明？　~~~023

6 情緒記憶：孩子愛寫日記好不好？　~~~028

7 跨欄定律：孩子個子太矮怎麼辦？　~~~033

8 蛋殼效應：怎樣培養孩子的自尊心？　~~~038

9 薩蓋定律：家長教育觀念不同怎麼辦？　~~~043

10 示弱效應：怎樣讓孩子能幹一些？　~~~047

### 第二部分　搶跑的孩子未必有後勁

11 7±2效應：「好記性不如爛筆頭」有道理嗎？　~~~054

12 飢餓教育法：怎樣激發孩子的學習興趣？ ~~~058

13 聚光燈模型：怎樣讓孩子學會專注？ ~~~062

14 瓦拉赫效應：孩子學習偏科怎麼辦？ ~~~068

15 讀寫困難：孩子閱讀困難怎麼辦？ ~~~074

16 蔡戈尼效應：孩子不喜歡閱讀怎麼辦？ ~~~079

17 易感效應：孩子喜歡反覆看一本書好嗎？ ~~~083

18 朗讀記憶：讀書是出聲好還是不出聲好？ ~~~087

19 有意義學習：孩子是不是越早識字越好？ ~~~091

20 字如其人：還有必要教孩子練寫字嗎？ ~~~096

## 第三部分　習慣比成績更重要

21 第十名效應：孩子學習成績不用太好？ ~~~102

22 反撥效應：考試多對孩子好不好？ ~~~107

23 葉克斯－道森定律：為什麼會臨場發揮失常？ ~~~111

24 動機擁擠效應：應該給孩子發獎金嗎？ ~~~116

25 免疫效應：考前突擊比平時學習效果更好嗎？ ~~~120

26 祖母原則：孩子不主動寫作業怎麼辦？ ~~~125

27 橡皮綜合症：孩子寫作業馬虎怎麼辦？ ~~~130

28 遺忘曲線：怎樣幫孩子安排複習時間？ ~~~134

29 感官協同效應：怎樣學習才能事半功倍？ ~~~139

30 高原現象：孩子學習成績為什麼時好時壞？ ~~~143

## 第四部分　怎樣說孩子才會聽

31 K.I.C.K. 原則：父母能厲聲訓斥孩子嗎？ ~~~148

32 歐弗斯托原則：怎樣有效地說服孩子？ ~~~152

33 熱爐法則：應該怎樣管教任性的孩子？ ~~~156

34 赫洛克效應：表揚和批評哪個更管用？ ~~~161

35 超限逆反：為什麼孩子聽不進我的話？ ~~~168

36 阿倫森效應：應該怎樣批評孩子？ ~~~173

37 特里法則：錯怪了孩子應該怎樣解釋？ ~~~177

38 自然懲罰法則：孩子跟大人對着幹怎麼辦？ ~~~181

39 應激反應：怎樣讓孩子面對父母離婚？ ~~~186

40 自己人效應：怎樣讓孩子敞開心扉來交流？ ~~~192

## 第五部分　成長比成功更重要

41 鮎魚效應：孩子競爭意識差怎麼辦？ ~~~198

42 社交恐懼：孩子不肯打招呼怎麼辦？ ~~~203

43 避雷針效應：孩子被欺負怎麼辦？ ~~~208

44 鏈狀效應：孩子交上了「壞朋友」怎麼辦？ ~~~213

45 羅密歐與朱麗葉效應：孩子「早戀」怎麼辦？ ~~~217

46 心理斷乳：怎樣避免孩子成為「啃老族」？ ~~~223

47 禁果效應：如何對孩子進行性教育？ ~~~228

48 棘輪效應：怎樣培養孩子的金錢觀念？ ~~~234

49 自我呈現：孩子喜歡上網聊天怎麼辦？ ~~~240

50 Google 效應：孩子應該怎樣利用網絡信息？ ~~~244

## 第六部分　別讓小毛病變成大麻煩

51 100% 理論：孩子丟三落四怎麼辦？ ~~~250

52 社會促進效應：孩子不愛表現怎麼辦？ ~~~255

53 最後通牒效應：孩子做事磨蹭怎麼辦？ ~~~259

54 瑜亮情結：孩子嫉妒心太強怎麼辦？ ~~~264

55 從眾心理：孩子沒有主見怎麼辦？ ~~~269

56 21 天法則：孩子小動作多怎麼辦？ ~~~275

57 自我中心化：孩子很自私怎麼辦？ ~~~280

58 防禦反射：孩子爆粗口怎麼辦？ ~~~286

59 附帶學習：應該禁止孩子玩電子遊戲嗎？ ~~~290

60 印刻效應：看電視對孩子的影響大嗎？ ~~~294

# 第一部分

# 情商比智商更重要

# 1 自我效能感：
## 怎樣培養孩子的自信心？

孩子以多大的精力和耐心達到目標，相比他的實際能力，更多地取決於他的自我效能感。

在生活中，有些孩子自信心不強，幹什麼事情都畏手畏腳。究其原因，這是缺乏自信的表現。

每個人在面對任務或困難的時候，都會對這些任務和自己的能力作出判斷：我能否勝任這些工作？以我的能力，能應付眼前的困難嗎？美國心理學家班杜拉在社會學習理論中，把人們對自己能否完成某項特定任務或應付某種情境的能力判斷、信念及其自信等方面的感受，稱為「自我效能感」。

自我效能感影響或決定人們對行為的選擇，以及對該行為的堅持性和努力程度；影響人們的思維模式和情感反應模式，進而影響新行為的習得和習得行為的表現。

自我效能感高的孩子心中充滿無限的可能性，他們相信一切都是可以超越的。美國 20 世紀現代主義著名詩人卡明斯（Edward Estlin Cummings）說：「一旦我們相信自己，我們就能夠拿好奇心、求知慾、愉悅等一切展現人類美好品質的體驗來冒險。」

很多時候，並不是因為任務太難才使孩子失去信心，而是因為他們缺乏信心才覺得學習太難。在學習能力差不多的情況下，自我效能感高的學生，也就是對於完成好學習任務有充分自信的學生，取得的成績會更好些。

正如美國心理學家齊默爾曼（B. J. Zimmerman）指出的：孩子以

多大的精力和耐心達到目標，相比他的實際能力，可能更多地取決於他的自我效能感。

在孩子的成長過程中，孩子們會根據以下幾個方面來判斷自我效能：替代性經驗——對其他人的表現的觀察；說服——通過他自己的思考或者別人的勸說，確信自己能夠做一些事情；情緒——它會影響自我效能水平，比如焦慮和興奮。

我們可以從幾個方面着手，來培育孩子良好的自我效能感：

第一，信任和鼓勵孩子，在孩子的心中播下自信的種子。孩子會在內心記住這種信任，循序漸進培養自己的自信心。例如，「你的表現很棒！」這看起來簡單，許多父母卻做不到。

1996年，美國心理學家班杜拉和他的同事，曾經對279名11～14歲的兒童和他們的父母進行調查研究，結果證明父母和兒童的自我效能水平能夠相當程度地影響他們的學習成績，而父母對孩子的激勵，也有助於孩子獲得好成績。

以自信為核心的自我效能感，是孩子學習成功的關鍵。孩子也許會犯錯誤，也許會不斷變化自己的想法，但他們能體會並且永遠不會忘記你的鼓勵和支持。如果你信任你的孩子，他們也會信任自己。

父母要杜絕那種不容置疑的批評，因為這往往讓他們感到氣餒，以為自己不夠聰明，不會讀書。這種過程是破壞性的，它會碾碎孩子的自我效能感，以為自己沒有能力。

第二，培養孩子的自我效能感，需要讓孩子看到自己的成功，並

感覺他們能做到。

1981 年，舒恩克以算術成績極差的小學高年級學生為被試，對自我效能感進行了研究。他為這些學生安排了一個星期的訓練，在每次訓練中他先讓他們分別學習算術的自學教材，然後由榜樣演示如何解題，榜樣在解題時，一面算一面大聲地說出正確的解題過程，最後再讓這些學生自己解題。

而在他們自己解題之前，舒恩克要求他們把所有的題看一遍，並判斷一下自己有多大把握來解每一道題，以此來瞭解其解題的自我效能感。結果發現，經過訓練，這些學生的自我效能感逐漸得到增強，與之相應，他們解題的正確性和遇到難題時的堅持性也得到了提高。

這個實驗再次證明，自信來源於孩子對所從事的活動的熟練程度，而不在乎與別人相比的優劣；當這種熟練感變成煩悶和焦慮，自信心也會受到打擊。孩子的自信，建立在能夠看到自己熟練程度不斷提高的基礎上，必須通過孩子自己領悟才能得到。這不僅是一個學習能力的提高，更是一個自信提升的過程。

第三，讓孩子學會自己面對挑戰。必須通過指導、教育和創造性的活動，提高他們的自我效能感，讓他們相信自己的能力。

在這個過程中，孩子所犯的錯誤都是有意義的，不存在所謂「愚蠢的錯誤」或者「不應該的錯誤」。在這方面，我們一定要記住美國

育兒作家娜奧米・阿爾多特（Naomi Aldort）的話：「真正的自信得益於『我能行』的信念。當孩子還是襁褓中的嬰兒時，家長就務必時刻提醒自己：除非他提出要求，否則不要隨便幫助他。」

第四，讓孩子在群體中找到自信。

讓他們有自己的追求的同時，加入群體，享受群體帶給他們的快樂。對孩子們建立自我效能感來説，那些鼓勵孩子協作的活動，要比充滿競爭的活動效果更好。比如説，可以讓孩子教小弟弟小妹妹讀書。這樣的輔導模式，會讓小的孩子獲得知識，而讓大的孩子得到自信。

在孩子的學習過程中，真正的主角是他自己，別人的指導不是必不可少的。離開家長，孩子也可以自己把一個東西學得很好。

# 2 延遲滿足：
## 怎樣培養孩子的耐性？

耐性或者説自控力，不僅能防止孩子吃掉一整袋的薯條或者把信用卡刷爆，甚至可以決定孩子將來是得到一份好工作，還是去坐牢。

急躁和缺乏耐性，是目前很多孩子存在的通病。典型的表現，是做什麼都不夠專心，看電視喜歡頻繁換頻道，看書或玩玩具也是三分鐘熱度，要求稍得不到滿足，就會焦躁甚至跺腳尖叫⋯⋯

追根溯源，今天的孩子越來越沒耐性，和「快節奏」的生活環境以及我們的養育方式有很大關係：孩子渴了，不用再等熱水放涼，有瓶裝水和飲水機；孩子餓了，不用苦等飯菜熟，家中早備有許多點心小吃；要吃雪糕，打開冰箱就有；一出門就有車，根本不用勞駕雙腿費時又費力氣。

可以説，他們的一切慾望，都可以用現代的、快捷的方式，「立刻、現在、馬上」滿足。

然而，這種養育方式也會給孩子帶來「愛的傷害」。在一些父母看來，給孩子一個快樂的童年，就是有求必應，而且越快越好。這無疑帶給孩子一種錯覺：我要幹什麼就得馬上幹什麼。慾望越來越多、目標頻繁地轉移，稍不滿足就是一場哭鬧。

孩子們為這種「即時滿足」式的成長方式付出的代價，就是耐性越來越差，對任何事情只有「三分鐘熱度」。

但是他們必須要在一個不會像父母那樣即時滿足他的社會中生活。正如比爾・蓋茨所説：「高中剛畢業，你不會每年賺到六萬美金。你也不會成為享受汽車無線電話的副總統，除非你既當了副總統，又

買了汽車無線電話。」

在這個社會上，耐性對他們至關重要，甚至超過他們學到的知識。因為人們不僅能很快洞悉他們的耐力程度，而且還會藉此評估他們是否可以信賴。

1960 年，著名心理學家瓦爾特·米歇爾（Walter Mische）進行了一個有關耐性的實驗研究。

他把一些四歲左右的孩子帶到一間陳設簡陋的房子，然後給他們每人一顆非常誘人的軟糖，同時告訴他們，如果馬上吃軟糖只能吃一顆；如果你能堅持到老師回來後再吃，將獎勵一顆軟糖，也就是說，總共可以吃到兩顆軟糖。

在十幾分鐘的等待中，有些孩子缺乏控制能力，經不住糖的甜蜜誘惑，把軟糖吃掉了。

而有些孩子領會了老師的要求，盡量使自己堅持下來，以得到兩塊糖。他們用各自的方式使自己堅持下來。有的把頭放在手臂上，閉上眼睛，不去看那誘人的軟糖；有的自言自語、唱歌、玩弄自己的手腳；有的努力讓自己睡着。最後，這些有控制自己能力的小孩如願以償，得到了兩塊軟糖。

心理學家繼續跟蹤研究參加這個實驗的孩子們，一直到他們高中畢業。跟蹤研究的結果顯示：那些能等待並最後吃到兩顆軟糖的孩子，在青少年時期，仍表現出很好的自律精神和自控精神，能夠等待機遇而不急於求成。為了長遠目標，他們有一種暫時犧牲眼前利益的自控

能力。

而那些急不可待只吃一顆軟糖的孩子，長大後則表現得比較散慢、做事有始無終，而且自控力弱、適應性差、喜歡依賴，不容易融入新環境；在挫折面前，往往表現出急躁、畏難甚至暴力的苗頭。

總體來説，有耐性的孩子長大後取得的成就，遠遠高於其他沒耐性的孩子。

那麼，應該如何培養孩子的耐性呢？辦法只有一個：培養他的自我覺悟、自我約束和毅力，並讓他學會在決策時考慮後果。

對孩子慾望的滿足，一般有延遲滿足、適當不滿足、超前滿足、即時滿足、超量滿足五種方式。為了培養孩子的耐性，應對孩子採取「延遲滿足」和「適當不滿足」。如果父母習慣於「即時滿足」孩子，他就難以接受有限的等待和忍耐，耐性也就無法培養起來。它並非與生俱來，需要日復一日、年復一年地學習和自我克制才能獲得。

當孩子想要馬上出門的時候，大人可以有意識地説：「等我把你的水瓶洗乾淨、裝上水，我們就下樓。」要讓孩子學會等，必須把抽象的「等」化成具體的事情，並提供恰當的理由，讓他看到並理解：實現自己的合理要求需要一點時間。

一位朋友有一個任性的兒子，為此頭痛不已，打他、罰他站牆角、趕他早點上床、責罵他、呵斥他，但用盡了各種各樣的教育方法，都不起多大作用。

一天晚上，他和妻子在客廳看報紙，因為沒有答應兒子的一個要求，小傢伙便倒在地上，一邊尖叫，一邊用頭撞地，同時揮手蹬腿。他和妻子一時不知所措，便置之不理，一聲不吭地繼續看報。

這恰恰是小傢伙最不期望的情形。他站了起來，看看父母，又倒下去把拿手好戲上演了第二遍。父母有些驚訝地對視了一眼，再一次對此沒有任何反應。

小傢伙又倒在地上上演了第三遍。父母繼續不理睬他。最後，他也覺得自己趴在地上哭叫實在太傻了，老老實實地自己爬了起來。從此，這位朋友掌握了對付孩子的好辦法：以靜制動。

除了以靜制動之外，通過壓力情境來訓練孩子，也是提高耐性的辦法之一。例如，孩子要買某件價格昂貴的玩具時，可以跟他溝通：可以買一個便宜的類似的小玩具，但媽媽沒有更多的錢買那個大玩具。如果你能接受，媽媽會很感謝你。孩子內心發生矛盾，就會嘗試調節自己的需求無法滿足時的情緒，達到心態平和。

提高孩子在做事時的耐性，可以利用一些小遊戲來進行。下面是很好的一個案例——

美美做事情總是三分鐘熱度，不能堅持，爸爸媽媽為此很煩惱。這天，爸爸給美美帶回來一個神秘的禮物——一隻小罐子。爸爸告訴美美，小罐子裡面有顆神奇的魔豆。如果美美能天天照顧它，給它澆水，等它

長出來，就會發現它的秘密。

　　美美好奇極了，就堅持每天給魔豆澆水，每天都去看它是不是發芽了。終於有一天，小芽破土而出，美美可興奮了。她仔細看，發現小芽的莖部赫然地印着兩個字——「堅持」。美美明白了。

　　有時，不妨人為地製造一點困難，鼓勵他知難而進。比如請孩子做稍稍超出他目前能力的事，比如三歲的寶寶「走迷宮」失敗了，父母不妨告訴他：這確實有點難，但只要想辦法還是能成功的，爸爸媽媽相信他。然後，告訴他一個竅門兒——反覆說：我一定能走出去。借助這一方式，孩子給了自己積極的暗示，就不會輕易放棄。

# 3 鐘擺效應：
### 孩子喜歡發脾氣怎麼辦？

經常發脾氣不是孩子的錯，只是他成長過程中的一種學習障礙。

在很多家庭裡，都有一個脾氣落差很大的孩子，他們一時是溫和可愛的小天使，一時是臭脾氣小霸王，甚至在發脾氣時打人、大叫、摔東西。

未成年的孩子，對事情反應受到實時感覺的影響，因而既容易高興得手舞足蹈，又容易變得脾氣暴躁。他們的情緒就像一個劇烈擺動的鐘擺一樣，不時地從一個極端變成另一個極端。在心理學上，有人提出一個「鐘擺效應」來形容這種現象。

當孩子發脾氣時，很多父母習慣於用成人世界的規則來解釋孩子的行為：他這麼做只是為了引起大人的注意；他只在乎他自己；他在挑戰我們的耐性；如果他打心底裡想做，他會做得更好，等等。

這樣一解釋，就給孩子貼上諸如「固執」、「任性」、「不肯妥協」、「不講理」、「不聽話」、「想引人注目」、「沒有控制力」和「叛逆」一類的標籤。

但是這些解釋和標籤都誤解孩子了，因為它把孩子的暴躁脾氣當成是一種有計劃、有意的、有目的的手段。如果根據這種看法來決定干預措施，很有可能會忽略了問題的根源：經常發脾氣不是孩子的錯，只是他成長過程中的一種學習障礙。

這些孩子有好好表現的願望，但是在靈活思維和承受挫折能力上比別人慢，沒有足夠控制情緒及行為的能力，他們需要一個更加寬容的環境來發展這些能力。現在，把傳統的觀念放在一邊，來嘗試用嚴

格有力的愛來幫助孩子吧。

　　要讓孩子學會控制某一極端情緒，父母要首先瞭解引發他這一情緒的原因，替他說出感覺或動機，讓孩子習慣以言語表達需要，才能誘導孩子逐步學習控制情緒及行為。如果遇上他身體不適或疲倦，可主動問孩子：「睏了嗎？」如果他能正面表達出自己的需求，自然就不用發脾氣。

　　要關注孩子脾氣的特殊「觸發點」。孩子行為反常是不是因為飢餓、疲憊或疾病呢？如果這樣的話，最好在這類「特殊情況」下避免與孩子起衝突。如果孩子已經很疲憊，就不要要求他多做一件什麼事情，那樣孩子肯定會發脾氣。

　　瞭解了孩子的動機之後，接下來要說明對他的要求，設定限制。比如：「你想出去玩可以，但不可以發脾氣，應該說『我想出去玩』。不過，現在要先收拾桌子！」對孩子的要求要清晰並貫徹執行，如孩子發脾氣打人，可捉住他的手，簡單但堅定地告訴他：「不能打人，發脾氣也要收拾桌子！」

　　孩子往往不明白「想要」和「需要」的區別，要讓他們學會一條經驗：「你的危機並不是其他人的緊要事件。」如果他們為了想要看電視而發脾氣，那就關掉電視，而不是把他們關進房間。這種是讓孩子承受發脾氣的直接結果，而後者則是任意的處罰，會讓孩子混淆因果而起不到應有的作用。

　　讓我們來看下面的故事裡，一位聰明的父親是如何幫助孩子的。

有一個男孩脾氣很壞，他父親就給了他一袋釘子，並且告訴他，每當發脾氣的時候就在後院的圍籬上釘一根釘子。

　　第一天，這個男孩釘下了 37 根釘子。慢慢地，每天釘下釘子的數量減少了。他發現控制自己的脾氣，要比釘下那些釘子來得容易些。終於有一天，這個男孩再也不會失去耐性亂發脾氣。

　　父親告訴他，從現在開始，每當他能控制自己脾氣的時候，就拔出一根釘子。一天天地過去了，最後男孩告訴他的父親，他終於把所有釘子都拔出來了。


　　父母在嚴格要求的同時，也要表現關愛之情，解釋自己的行為，或者讓孩子選擇其他方案，指導他們認清自己的作為以及更好的行為選擇。若他不聽從，繼續發脾氣打人，就必須承擔後果：「繼續發脾氣，就等於花掉那幾分鐘不能玩耍了，不如你快快收拾，等一下便可以多點時間玩。」

　　在這個過程中，首先不要擔心衝突，更不要迴避衝突。如果害怕孩子會因此而認為你過於嚴厲，那麼等他長大面對上級的時候，他可能會不知道如何應對真正的嚴厲。

　　對於許多不願意接受衝突的母親而言，逃避衝突是最簡單的方法。但是只有清晰而堅定的要求，加上不折不扣的執行，才能制止他的行為。其次是要保持平靜，來展示你自己的自制力。他們需要知道他們的反應已經過度，但如果你也大喊大叫的話，他們就無法知道這一點。

# 4 淬火效應：
## 怎樣讓孩子面對挫折？

在很多現代家庭中，對挫折教育都是存在誤解的，而且這種誤解有可能讓父母和孩子都受到困擾。

在生活中，孩子是全家的心頭肉，大人們都是圍着他轉，處處充當「保護傘」，他做了什麼事都是「真好啊，太棒了」「還是你厲害」。所以，孩子的自信心超級爆棚。可是，這也讓他們越來越受不起失敗了，越來越像溫室裡的花朵一樣嬌生慣養，依賴感會越來越強，在挫折和困難面前就會手足無措。

媽媽給三歲的女兒講「司馬光砸缸」的故事。講完後，媽媽問女兒：「你和小朋友玩，如果小朋友掉進缸裡，你該怎麼辦？」

女兒想了想，認真地說：「去找司馬光呀！」

如何面對挫折，是每個人都要面對的人生課題（比如你現在可以說正在經歷挫折）。而這，也恰恰是對孩子進行挫折教育的一個原因。

鍛造金屬工件，加熱到一定溫度後，工匠會快速將其浸入冷水中，進行冷卻處理，這樣工件的性能會更好。這個道理運用到生活中，被心理學家稱為「淬火效應」。

每個人在成長過程中都需要「淬火」，也就是要經歷一點挫折，正如英國兒童心理專家卡特邦奇所說：「過於幸福的童年，常常會造成不幸的成年。很少遭受挫折打擊的孩子，長大後會因為不適應環境和複雜多變的社會，而深感痛苦。」

但是，很多人對挫折教育有一個誤解，認為挫折教育就是為孩子人為地製造挫折，然後讓他習慣挫折。這種認識也是不對的，如果運用不當，對孩子的傷害可能比嬌生慣養更嚴重。

對孩子進行挫折教育，可以給孩子製造一些困難，讓他對挫折有一個形象具體的認識。但是應當考慮孩子的承受能力。由於年齡階段、性格、環境的不同，每個孩子對挫折的承受能力是各不相同的。對比較敏感的孩子，就不應當一味地為了讓他堅強起來，而犧牲了他的快樂與健康。

挫折體驗只是挫折教育的一個工具，真正的核心是培養孩子對挫折的認識，讓他意識到：這個世界經常不會關注他的感受，在他自我感覺良好之前，世界期待他有所成就。

用心理學的術語來說，所謂挫折，是指人在從事有目的活動時，遇到障礙或干擾，導致無法實現動機和無法滿足需要的情緒狀態，包括學習挫折、交際挫折和情感挫折等幾個方面。

一個人的一生要面臨很多困難和挫折，如果沒有堅強的性格，就很難有與困難、挫折做鬥爭的勇氣。挫折教育的關鍵，就是要培養孩子克服困難的意志。


日本「經營之神」松下幸之助，出生在一個農村家庭。他的父母四十得子，對他寵愛有加。

松下七歲那年上了小學，性格有點毛躁。他走路喜歡東張西望，不

是弄濕了鞋子，就是弄髒了褲子。一天，父親松下三郎在兒子上學必經的田埂上挖了幾道缺口，然後用木棍搭成一座座小橋。

那天放學，松下揹着書包通過小橋時，驚出一身冷汗。他第一次沒有哭鼻子。吃飯的時候，他講了今天走過一座座小橋的經歷，臉上滿是神氣。父親坐在一旁誇他勇敢。

父親松下三郎在松下幸之助九歲那年因病去世，去世前他一再叮囑小松下的母親：「在孩子成長的路上，一定要設置一些他能獨自跨越的障礙，如果你一味地給他提供順境，等長大後，一旦遭遇挫折，必然會經受不住打擊，而產生種種令人意想不到的後果。」

但是挫折又是一把雙刃劍，一方面可以增強孩子的心靈力量，但另一方面，運用不當也很容易導致孩子產生「習得性無助」，甚至自信心受到傷害，出現「破罐子破摔」的心理。家長特別需要掌握這點，千萬別出現矯枉過正的現象。

1975 年，美國心理學家塞里格曼進行了一次實驗。他把一群學生分成三組：讓第一組學生聽一種噪音，這組學生無論如何也不能使噪音停止。第二組學生也聽這種噪音，不過他們通過努力可以使噪音停止。第三組是對照組，沒有任何噪音。

噪音折磨進行一段時間之後，開始實驗的下一個階段：實驗裝置是一種叫「手指穿梭箱」的裝置，當把手指放在穿梭箱的一側時，就會聽到強烈的噪音，而放在另一側時就聽不到噪音。

心理學家發現，在原來的實驗中通過努力能夠使噪音停止的第二組，以及未聽噪音的對照組，在第二階段實驗中，都很快把手指移到箱子的另一邊，從而使噪音停止。

　　而第一組，也就是說在第一階段無論怎樣努力都無法使噪音停止的學生，手指卻仍然停留在原處，聽任刺耳的噪音響下去，卻想不到嘗試把手指移到箱子另一邊。

　　塞里格曼接着進行了實驗的第三階段：要求所有學生把一堆無序的字母排列成字，比如 ISOEN，DERRO，可以排成 NOISE 和 ORDER。實驗結果表明，在前面的實驗中產生了無助感的第一組學生很難完成任務。

　　這個實驗有力地證明了「習得性無助」在人身上的存在，以及它對學習的影響：在經歷了某種證明自己無能的學習後，人在情感、認知和行為上都會表現消極。

　　在生活中，有許多孩子經歷了挫折，幾次失敗以後，他們就開始尋找理由為自己解脫：「生意太難做」或「我太年輕了」，或「我書讀得太多」或「我書讀得太少」，或「我的經驗不足」或「我的缺點太多了」等。

　　這說明，外在的挫折，變成了他們內在的「習得性無助」。他們的沮喪和焦慮，往往以憤怒抗拒的形式表現出來。這種變化造成的傷害，比挫折本身要大得多。要讓孩子成功，除了適度地從磨難中體驗挫折和學到技能外，還必須讓他有更多成功的體驗，以及忘記過去的

挫折。

　　網球名將李娜在奪得法網冠軍的採訪中說，青少年時期，她的教練經常呵斥她這裡做得不夠好，那裡做得不夠出色，這讓她一直有一種懷疑自己實力的困擾。

　　在法網賽前，她更換了教練，新教練在技術上並沒有帶給她太多內容，但卻帶給她最重要的訊息——就是他一次一次地告訴她，她能夠做得更好，她可以做得更好。李娜說，教練的鼓舞是幫助她奪得法網冠軍的重要因素。

　　我們常常用「好了傷疤忘了疼」，來批評一個人不知道吸取教訓。但是實際上，對於那些曾經遭遇打擊和挫折的人來說，忘記過去的傷痛，避免習得性無助的影響，比時時撫摸着傷疤全身心垂淚更容易復原，也更容易獲得新的成功。

　　心理學家托爾曼說：「當我們的孩子或我們自己，面對人類世界這一上帝恩賜的『大迷宮』的時候，我們必須使自己和孩子處於能激發適度動機，而沒有多餘挫敗感的最理想狀態中。」

# 5 德韋克實驗：
## 為什麼不要總誇孩子聰明？

生活中，很多父母都懂得對孩子多誇獎而少指責，每當孩子完成了一項任務或者是取得好成績之後，父母會即時地誇獎他聰明。而孩子聽了大人的讚揚，也確實表現得非常高興。

應該説，相對於不斷批評孩子，表揚是一種聰明的做法。不過這還不夠，要讓誇獎產生好的效果，我們還需要努力變得更聰明一點。讓我們先來看下這個小故事。

一位中國老師到美國訪問，住進了一位美國朋友的家裡。那一家有兩個孩子，分別是 9 歲和 5 歲。大人坐在客廳聊天，兩個孩子則在地上擺弄玩具，不一會兒就建起了一座「兵工廠」。中國老師對美國朋友說：「您這兩個孩子真聰明！」

但是對方一聽，卻馬上把食指豎在嘴巴中間，提醒中國老師：千萬不要讓他們聽見。他拉着中國老師離開客廳，這才說：相對於誇他的孩子聰明，他更喜歡別人誇他們能幹。

面對中國老師的不解，他解釋說：「長期表揚孩子聰明，會使他們覺得事情很容易做，碰上困難問題會想到躲避。比如，考試時遇到自己不會做的試題，往往會想，連我這麼聰明的人都做不出來，那一定是老師弄錯了。」

這種觀念，相信很多中國人是不大贊同的。因為每個人都希望自己的孩子聰明，並且認為這種聰明是天生的。古代有一句話叫「書到

今生讀已遲」，意思就是說無論怎麼努力，也不如天生的聰明。

正是因為這麼想。在生活中，很多大人把「你真聰明」作為表揚的口頭語，而且還會用讚賞的語氣。但是這種表揚，確實如上面故事中所說，會帶給孩子不良的影響。最明顯的，就是可能使孩子變得很在意別人的評價，只要表現稍不如意，可能就會問：「爸爸，我是不是很笨？」

20 世紀 90 年代，還在哥倫比亞大學執教的心理學家卡羅爾‧德羅克（Carol Dweck），曾經做了一系列的實驗研究這個問題。她在一所小學五年級的孩子中，抽樣一百多個十歲左右的孩子，然後把他們隨機分成兩組。所有的孩子被要求做三套題。無論做的結果好壞，一律給與正面的肯定。

第一套題對孩子來說都是很容易的。第一組孩子做完了題後，實驗者給出的反饋是，「你真聰明！」。當然所有的孩子都感覺不錯。在第二組的孩子完成了題目後，給出的反饋有所不同，其讚賞是，「哇，你真努力，做題非常認真！」。

然後，對這些孩子做了第二部分實驗。給兩組孩子同樣的兩道題，其中一道相對簡單，很容易做出答案；另一道則非常困難，但能從解題中學到很多東西。兩組孩子可以隨意選擇其中一道做。

結果，被讚美「聰明」的小組裡，50% 的孩子選擇了簡單的題目，另外 50% 選了難的題目。被讚美「努力認真！」的小組，90% 的孩子選擇了困難的題目。

第三部分實驗是，讓同一群孩子做一道非常難的題目，這道題基本上無解。這組實驗是想測試兩組孩子面對困難和挫折時所作出的反應。

實驗的結果是，被讚賞「聰明」組的孩子，沒有堅持多久很快就放棄了努力，而且因為解不出題來表現得很沮喪。相反，被讚賞「努力」組的孩子則能堅持很長的時間。即使最後他們也沒有解開這道題，但在整個解題的過程中表現得興致盎然。

德韋克和助手們還對紐約市 12 所學校的 100 名五年級的學生進行了另一次研究。這些孩子同樣被隨機分為兩組來做適齡的智商測試。測試完之後，第一組得到的讚譽是「你真聰明！」，第二組得到的是「你真努力！」。

接下來，這兩組學生要對付難得多的智商測試，即八年級程度的測試題。結果發現，第一組孩子意志消沉，第二組孩子則竭盡全力。

最後一輪測試，難度回到第一次測試的水平。第一組被誇獎「聰明」的孩子，平均成績居然下降了將近 20%；第二組被誇獎「努力」的孩子，成績則提高了 30%。德韋克的研究結論是，讚賞聰明比讚賞努力對學生的學習動機有更多的負面效果。

被讚賞聰明的孩子以成績為目標，而被讚賞努力的孩子則以學習為目標（相信您對這句話有切身體會）。當他們都遇到挫敗時，被讚賞聰明的孩子比後者表現的耐性和持久力更差，更少享受做事的過程，他們本能的反應就是「天呀，我不行！」，這最終導致終極成績更糟。而第二組學生遇到失敗，則採取了面對現實的態度：「我這套做法看

來不行，要換個方法試試。」

此外，德韋克利用哥倫比亞大學的腦電圖室，讓具有這兩種精神氣質的人回答各種問題，然後給他們回饋，同時檢測他們的腦電波活動情況。結果顯示：被誇獎聰明的孩子在思維模式上表現為封閉保守，而被誇獎努力的孩子，則傾向於拓展和發展。

前者特別關心自己所顯示出來的能力是什麼，特別注意自己的答案是否正確。當提供一些能幫助他們學習的信息時，他們的腦電波中沒有信號顯示出任何興趣。甚至當他們答錯了問題時，他們也沒有興趣追究什麼是正確答案。與此相反，後者則對各種問題中所包含的能夠增長他們知識的信息感興趣，似乎並不在乎會把自己排到什麼智力水平上。

原因很簡單：被誇獎「聰明」的孩子，心思全花在琢磨「自己是老幾」的問題上，既然他們相信人的聰明是天生的，他們要做的就是「顯示」自己的聰明，自己究竟是老大還是老二、老三就變得至關重要。所以他們所做的一切就是證明自己，生怕自己不聰明，乃至於通過躲避挑戰來躲避失敗。

而被誇獎「努力」的孩子則是學習者，更希望「發展」自己的才能。對他們來說，才能是一個過程，是在不停的發展之中，發展的引擎是自己的努力。為了發現自己的問題，他們寧願去嘗試失敗，因而總願意迎接新的挑戰。

為了讓孩子更好的成長，父母應多表揚他的「努力」、「能幹」，別再誇獎他有多「聰明」了。

# 6 情緒記憶：
## 孩子愛寫日記好不好？

2030 年的一個週末，你突然發現你的孩子坐在書桌前出神，面前攤着一個陳舊的筆記本。他已經是一個 20 多歲的毛頭小伙子了，是什麼事情讓他如此安靜呢？

他可能是在看自己小時候的日記。

與喜歡照相一樣，很多孩子也喜歡記日記，把自己喜怒哀樂都付諸筆端記下來。這樣做，一方面可以紓緩自己的情緒，另一方面也鍛練文筆和思維。即使是把經歷過的挫折寫下來，有助於宣洩不良情緒以及撫平創傷。

加州斯坦福大學的教育和心理學教授傑夫·科恩（Geoff Cohen）表示，書寫情緒的確具有疏導作用：「將思維和感受抒發出來，不但能夠使情緒舒暢，對身體也不無裨益。」

但是，任何事情都不是絕對的。有統計顯示，曾經記錄過創傷經歷的寫日記的人，對頭痛或者其他類似症狀確實更為敏感。

英國格拉斯哥喀里多尼安大學的伊萊恩·鄧肯（Elaine Duncan）和斯塔福德郡大學的戴維·謝菲爾德（David Sheffield）主持的一項調查表明：經常寫日記的人的心理，不如不寫日記的人健康。鄧肯認為，這是由於挫折的記錄，讓人經常咀嚼他們的不幸和挫折，無法將情緒一次性地宣洩出來，因此形成了更深的挫折感。

有一個孩子大學畢業後，讓父母看她小學時的日記，上面寫：「……考試沒考好，爸爸對我說：孩子，成績不重要，你才重要，考多少都沒

關係，重要的是你要開心，要快樂……」

看到這兒，父母都被自己感動了，再翻一頁：「……然後我媽媽回來了，倆人合夥把我揍了一頓……」

在這一頁的最後，是觸目驚心的四個大字：這倆騙子！

小學時的這兩頁日記，一定給孩子留下了深刻而慘痛的回憶。否則的話，她也不會在十幾年後拿給父母看。

不過，上面的結論似乎只注意到了一個方面。美國得克薩斯州達拉斯市南衛理公會大學的米歇爾‧麥科洛（Michael McCollough）和戴維斯市加利福尼亞大學的羅伯特‧埃蒙斯（Robert Emmons）兩位心理學家，共同進行過一個實驗，指出了問題的另一個方面。

在實驗中，他們把數百人分成三個不同的組，並要求所有參加實驗的人每天寫日記。第一組人的日記，記錄的是每天發生的事情，並沒有特別要求要寫好事或者壞事；第二組人被要求記錄下不愉快的經歷；第三組被要求在日記中列出所有他們覺得值得感恩的事情。

研究的結果表明，第三組的人變得更加警覺，更加熱情，更加果斷，更加樂觀和更加精力充沛，更少感到沮喪和壓力，他們更願意幫助他人，鍛煉更加地有規律，並且在生活中取得了更大的進步。

美國肯塔基州列克星敦的2001大學的學者也注意到了這種區別，他們研究了180位修女的自傳手稿，結果發現，用更多積極樂觀的詞描繪人生的修女，比那些用消極悲觀的詞描繪人生的，壽命多了大概

10 年。

很顯然，日記所起的作用和其他東西一樣，只是我們情緒的載體和反射。讓日記擔負起記錄情緒載體的時候，注意不要沉溺於其中。

2008 年 9 月，《實驗社會心理學雜誌》（Journal of Experimental Social Psychology）發表一項最新研究。

領導該項研究的是美國北卡羅萊納大學的心理學家凱思・佩恩（Keith Payne）。他和同事發現，情緒記憶是最難刻意忘掉的，尤其當這種記憶源於視覺線索。

佩恩表示，主動忘卻是一種適應性表現，比如，人們常常要忘掉錯誤的認識、朋友的舊電話號碼或者更改前的會議時間。主動忘卻有助於大腦的記憶存儲系統更新新的信息。不過，Payne 和同事在實驗中發現，即使是輕微而溫和的情感記憶事件，比如在考試分數不理想或者在工作中受到批評，都是很難被忘記的。

佩恩認為，人們要刻意忘卻一件事情的前提條件就是要從精神上和與事件相關的信息完全隔離開來。只要遺忘的動機足夠強烈，人們完全可以超越情感因素的影響。

不過，網絡時代的到來，給我們提供了另外一種選擇。根據台灣研究人員的研究，寫網絡日誌或博客，不僅可以獲得與寫日記一樣的好處。而且能夠獲得更多的社會支持，並能改善社會關係和自身的歸屬感。

研究者利用一個由 43 項自述組成的調查，對 596 名在校大學生

進行了一次調查。這些大學生年齡在 16 到 22 歲之間，女生佔 71%，他們都是有博客經驗的年輕人，相當一部分抱着記私人日記的目的寫博客。

研究人員發現，寫博客不但不會減少或妨礙已經存在的社會關係，反而能加強人與人之間的聯繫，實實在在地改善他們的關係。寫博客會培養更好的社會關係，包括更好的融入社會的感覺，即感覺到與社會、朋友圈子以及其他人之間存在聯繫。同時，它還可以加強博主與生活中親密或重要者的社會內部聯繫，以及與日常社交網絡以外的人的社會外部聯繫。

其中的一個原因，也許是大多數讀博客的人，都喜歡讀朋友和家人的博客，而他們用博客所分享的感覺和思想，都是別人平時很難知道的。尤其是，在情緒化時或出現困難時，用博客記錄下來，比拿起電話向一個個親密的人訴説更容易。一個個訴説，總會導致情緒耗竭。

研究人員從數據中還發現，當這些社會關係因為寫博客而發展時，博主本人會覺得與別人有更多的聯繫，從而感到更快樂。

很顯然，公開的網絡日誌或博客，在改善社會關係方面，是私人日記所無法比擬的。

# 7 跨欄定律：
## 孩子個子太矮怎麼辦？

前不久，聽一個朋友訴苦說，他的兒子正上中四，身高只有一米六五，而同桌則長到了一米七五。每天吃飯，聊天的話題幾乎都涉及到了身高的問題，他兒子對自己身高的關注已經變成了抱怨和焦慮，晚上洗澡後穿着短褲照鏡子，一照就半小時，邊照邊抱怨自己的腿沒有長直，為什麼他的基因不優秀……

確實，在一個以「高富帥」為追求的社會氛圍中，身高自然成為很多身高較矮的孩子的一個心病，使很多孩子（甚至包括他們的父母）自卑。有人甚至把身高一米七以下的男孩子稱為三等殘疾，更是給這些家庭增加了不必要的壓力。

那麼，高矮會不會影響孩子未來的成功呢？事實並不是像人們想得那麼糟糕。

有一位叫阿爾弗雷德的外科醫生，在多年臨床實踐中發現了一連串奇怪的現象：患心瓣堵塞症的患者，心臟奇跡般地增大，好像是在努力應付心臟所帶來的缺陷；腎病患者若摘去了左腎，那麼他的右腎的生命力往往十分強盛。另外，在眼睛、肺等手術中，都是如此。

在給美術學院工作時，他又發現了一個奇怪現象，這些搞藝術的學生的視力低於平均水平，有的甚至還是色盲。而一些頗有成就的教授之所以能走上藝術道路，也曾經受了某種生理缺陷的影響。

研究還發現，人腦有更強的適應能力，如果一側腦在幼年時期受到損傷甚至被切除，那麼對側腦就能接管它的功能，對其進行很好的補償，當孩子長大後一般不會有明顯的腦功能受損現象，並且僅存的

半球能夠承擔所有功能。

後來，這種發現引起了心理學上的分析學派的注意。這一學派的代表人物除了大家耳熟能詳的弗洛伊德之外，還有 19 世紀末的奧地利著名心理學家阿德勒。他根據自己的實驗研究提出了一個重要的結論：當個人發現某方面不如別人後，為了恢復內心平衡，會設法彌補自己的弱點。

阿德勒認為，身材矮小的人由於自卑感作祟，總是喜歡在其他方面表現得強於他人，以此來補償這種心理缺憾。從行為上看就是所謂的喜歡爭強好勝。

按照阿德勒的說法，除法國的拿破崙外，蘇聯的斯大林、西班牙獨裁者佛朗哥、意大利的墨索里尼都是典型的矮子。事實上，阿德勒自己就是一個身材矮小、嚴重駝背的人，他一生都在不斷地超越自卑，並把自卑與補償看作是追求優越的動力根源。

每個人都有某方面的弱點，都有個人的自卑感。這並不見得不好，因為人一旦發現自己的弱點，必然會產生一種彌補的機能與心理，反而成為個人發揮潛能，超越他人的一股力量。他把這種現象稱為「跨欄定律」：欄杆越高，人跳得也越高。

美國大發明家愛迪生發明留聲機後不久，一位記者前來訪問他：「愛迪生先生，你從小就有耳疾，這是否算是你一生中最大的遺憾？」

愛迪生點頭回答說：「以前的我，曾有這種感覺，但後來再想想，

卻覺得這樣反而對我更好，因為我小時候表現非常差，幸好我的耳朵不好，聽不到別人的嘲諷，我可以更加專心地努力做事。」

我們大可不必因為弱點而產生自卑，不敢面對現實或怨天尤人，自慚形穢，甚至因此而失望退縮，這樣不僅無法取得進步，而且會極大地傷害身心健康。

美國布蘭蒂迪斯大學的萊斯利·澤伯維茨（Leslie Zebrowitz），在研究中也發現，長着娃娃臉的男人會使人認為他們天真無邪，並會給人留下能力不足的感覺。然而事實上，很多長着娃娃臉的男孩，更有可能成為抱負極高、有野心的人。

她把這種現象稱為「自敗預言效應」，即一個長着娃娃臉的男人厭倦了別人對他的態度，於是拚命想衝破人們對他的預設期望，反而矯枉過正，走向了另一個極端。

有一個女孩在一次考試中有幾門發揮得不好，很傷心地回到了家。在父母的勸解下，她仍然無法釋懷，覺得自己一無是處。這時父親拿出一張白紙和一支筆，交給女兒，讓她每想到自己一個缺點和不足，就在白紙上畫一個黑點。

女兒拿過筆，不停地在白紙上畫黑點，在她畫完以後，父親拿起白紙，問她看到了什麼，女兒回答：「缺點啊，全都是該死的缺點。」

父親笑着問她還看到什麼，她回答說：「除了黑點，什麼都沒有

看到。」

在父親一再追問下，女兒終於回答說：「除了黑點外，還看到白紙。」

於是，這位父親問女兒：「你在這張紙上寫字的時候，是在空白的地方寫呢，還是向黑點上寫？」

女兒想了想，若有所悟地點了點頭。父親語氣緩和地說：「當你把這張紙上寫上字以後，也許字就會恰巧把黑點蓋住，即使沒有蓋住，人們也很少會去注意它的。」

一位牧師曾經說：「弱點並不是上帝對人的懲罰。恰恰相反，世上每個人都是被上帝咬過一口的蘋果，都是有弱點的人，有的人弱點比較大、比較明顯，那是因為上帝特別喜愛他的芬芳。」

那麼，我們具體怎樣實現補償作用，使弱點或缺陷有益於我們的人生呢？回答是通過揚長避短，避開弱點的影響範圍。

絕大多數人看到的，都是白紙上的黑點，而忽略了黑點旁邊更大的白紙空間。由於只看到自己的缺點，使得自己生活不如意。若能不執着於黑點，多利用黑點以外的白紙，豈不是柳暗花明，豁然開朗嗎？

因此，如果通過策略性的選擇和安排，使弱點不至於成為成長的阻礙，並進一步幫助自己利用別人所不具備的優勢，弱點完全能夠成為無傷大雅的因素。

家長與其抱怨，還不如想辦法讓孩子增長學識才幹，當他擁有較多見識、較寬闊視野的時候，即使弱點再想干擾他的前進，也很困難了。

# 8 蛋殼效應：
## 怎樣培養孩子的自尊心？

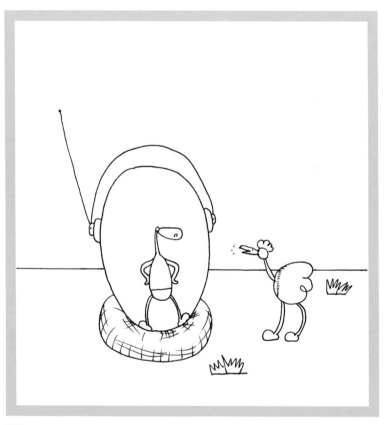

高度防禦的孩子，往往過於注重別人評價。

有的孩子跟別人下棋，輸了以後就再也不下棋了；有的孩子在學校受到一點批評，第二天就不想再去上學了……這些孩子不知道如何面對挫折和失敗時，就會把自己的心封閉起來，像裹上一層「蛋殼」：它非常嚴密，足以將所有人擋在殼外；它又非常脆弱，一點兒敲打，就可能被擊碎，激發出強烈的報復。

1965 年，英國兒童心理學家西蒙・安妮（Anne Simon）把這種脆弱和保守的心理現象，命名為「蛋殼效應」。

有不少父母容易把心理健康和思想問題混淆，把孩子的脆弱和保守以為是不勇敢、逃避。但實際上，「保守」和「脆弱」，並不意味「懦弱」或「不勇敢」，只是心理發育中的問題，而不是思想問題。就像學會走路要摔很多跤一樣，孩子的心理成長需要克服很多困難。

要幫助孩子，我們不能從人品、從思想去看孩子的心理脆弱問題，首先必須要從心理發展的角度，先去理解孩子問題背後的動機，幫助孩子渡過成長中的這個難關。

在孩子保守和脆弱的蛋殼後面，是一顆極度缺乏自尊的心靈。

有人或許說，保守和敏感的孩子表現得「自尊心」很強啊，甚至比普通的孩子更強啊，他們應該是「自尊心」太強而不是缺乏吧？

這種說法，其實是錯誤理解了什麼是自尊。他們所說的「自尊」實際上叫做「依賴性的自尊」，也就是通過別人獲得的「自尊」。這種「自尊」程度會隨別人的表揚或批評而改變，也取決於在與別人比

較時獲得的是優越感還是自卑感。

嚴格來說，它並不是真正的自尊。真正的自尊，是通過自己獲得的自我評估和感覺，是自信和自我尊重的綜合。

| | 與他人比較獲得的自信 | 與自身比較獲得的自信 |
|---|---|---|
| 取決於他人的自我尊重 | 依賴性自尊心 | |
| 取決於自己的自我尊重 | | 獨立自尊心 |

每個孩子都有兩種類型的自尊心，獨立的和依賴的。而他的心靈是否保守與脆弱，則取決於哪一種自尊心主宰了他的感覺和行為：他是否主要為別人的想法和行為所左右，抑或是受控於他對自身的評價？他是否總在乎自己比別人優秀，抑或是自己在努力追求卓越，「任其風吹雨打，我自巋然不動」呢？

高度防禦的孩子，往往也是過於注重別人評價者。只有獨立的自尊心，才能讓孩子擺脫蛋殼效應。不僅如此，它還能讓孩子成為一個幸福和有創造力的人：能坦誠地對待自己和自己的內心世界，傾向於獨立做事，求異思維能力強，想像力豐富，不在乎群體的壓力，能夠站出來為自己辯護。

無論是父母還是學校，都過於強調外在的獎勵和競爭，結果導致孩子自尊心的依賴性壓倒了獨立性，使孩子越來越依靠自我保護

或者自我增強來維持自我。2003 年，澳大利亞學者斯蒂芬‧凱米斯（Stephen Kemmis）提出「脆弱高自尊」的概念，來形容這種情況。

很多教育書籍告訴家長，孩子像一朵小花一樣脆弱，需要家長無微不至地關心，即使是鉛筆尖斷了這樣的小事，也要注意不要讓孩子受到打擊。在這種觀念下，不僅孩子，連父母和老師也變得越來越保守和脆弱。

絕大多數父母的做法，也是習慣於讓孩子增強依賴性自尊心──獲得外在的肯定和比別人優越。他們覺得表揚是培養孩子自信自尊的最好甚至是僅有的方法，通過讚揚孩子做的每件事，就能夠在孩子的心中創造積極的自尊。但問題是，他們對所有的事情都大加讚揚，弄得孩子根本不知道是他真的做得很好，還是無論他做什麼，爸爸媽媽都會說：「哦，你真是太棒了……」

這種不假思索的讚揚，讓孩子很不自信，於是就更喜歡向周圍的人來尋求認同。比如，他會把作業或者畫的東西給朋友們看，還會焦急地詢問說：「還行嗎？我做的對嗎？」在學校裡，他也總會問老師：「這次我做得對嗎？」很顯然，孩子的獨立自尊已經受到了傷害。

要想讓孩子擺脫蛋殼效應，最好的辦法就是讓孩子在生活中建立獨立性的自尊，變得自信和悅納自我。

獨立性的自尊，不是以毫無原則的表揚為基礎的，而是來源於孩子在克服困難之時所體會到的那種快感──這種感覺可能來自孩子學會了彈一支曲子，也可能來自孩子成功地解答出一道題。他遇到和克

服的挑戰越多，有越多人能夠看到他的成功，他的獨立性自尊就越強。

　　要培養孩子的獨立性自尊，父母首先要記住的是不要把他和別的孩子作比較。

　　每個孩子都是與眾不同、獨一無二的，都應獲得重視和賞識。比較不僅是愚蠢，而且也是不負責任的，它只會打擊孩子。曾經有一個孩子在網上向我留言抱怨說——

　　從小他就有一個宿敵，叫「別人家孩子」，這個「別人家孩子」從來不玩遊戲，從來不聊 QQ，天天就知道學習，長得好看，又聽話，成績年級第一，會做飯，會家務，會三門外語，我恨這個「別人家孩子」！！但是這個「別人家孩子」就像鬼魂一樣，家長們都在談論他，但從來沒有人親眼見過……

　　另外要引導孩子去嘗試新事物，允許孩子獨立做事。孩子最初的自尊，就是以要求自主的形式積極進行各種活動。自主性是自尊心形成的基石。孩子在二、三歲時便有了自主性的要求，喜歡獨立做事。父母要抓住這個大好時機培養他的獨立性，要給他們獨立解決問題的機會。要避免按大人的意願來設計孩子的生活，要讓他自己想辦法來獲得自己的成功，並且懂得把精力集中在對自己重要的事情上。當孩子需要幫助時，成人應幫助他們想辦法，尋求解決問題的最佳方式，而不是取而代之。

# 9 薩蓋定律：
## 家長教育觀念不同怎麼辦？

在中國傳統教育中，有「嚴父慈母」的説法，就是指父母「一個唱紅臉，一個唱白臉」，父母互相配合，互相補充，相得益彰。事實上，這種認識是不對的。

試想，如果夫妻協作分工，父親扮「紅臉」，母親扮「白臉」，「紅臉」過於嚴厲苛刻，「白臉」過於溫和寬容，一味遷就、姑息、放縱。不難想像，就會出現以下的情形：孩子當着「紅臉」家長的面，就像老鼠見了貓一樣戰戰兢兢，唯唯諾諾，有事不敢放手去做，有話不敢去説，有理不敢申辯；而當着「白臉」家長的面，則像換了一個人似的，行為放肆，對所説的話置若罔聞，當成耳旁風。

從情感上來説，被一些人認為效果不錯的「紅黑」配合，也不是那麼和諧。父親和母親的立場不一致，會讓孩子以為媽媽更愛自己一些，爸爸是一個冷酷的人。

由此可見，這種搭配不僅不利於孩子樹立正確的人生觀和價值觀，還會導致孩子性格的缺陷。因為一個孩子無法接受父母雙方不一致的教育，否則，他將無所適從。這就是家庭教育中的「薩蓋定律（Sa cap law）」。

薩蓋定律又稱為兩隻手錶定律、矛盾選擇定律，它的內容是：只有一塊手錶，可以知道時間；擁有兩塊或者兩塊以上的手錶並不能告訴一個人更準確的時間，反而會製造混亂，會讓看錶的人失去對準確時間的信心。它的深層含義在於：每個人都不能同時挑選兩種不同的行為準則或者價值觀念，否則他必將陷入混亂。

在從這個定律我們可以知道，對孩子的教育，不能同時採用兩種不同的方法，設置兩個不同的目標，提出兩個不同的要求，因為這會使孩子無所適從，甚至行為陷於混亂。

戰國時思想家韓非子說過：「一家二貴，事乃無功；夫妻持政，子無適從。」就是說，一個家庭裡如果大人各有所見，互不相讓，家裡就什麼事也做不成；對孩子進行教育，各持各的觀點，孩子就不知聽從誰的。像上面故事裡所講，家庭裡因為對孩子的教育方式分歧而產生的衝突，在「隔代撫養」的情況下尤其突出。

家長要想避免「薩蓋定律」，首先要有相對統一的教育觀念，家裡所有大人對孩子的要求要一致，並注意減少矛盾，給孩子一個統一的價值觀。這對孩子的成長是十分重要的。

如果做不到這一點，比如爸爸教育孩子的時候，媽媽總是詆毀爸爸的方法不對，並對孩子說「別聽你爸爸的，他不懂」，孩子就會左右為難，心中充滿了矛盾，不知道自己到底怎樣做才對。更進一步，孩子會對爸爸的教導不以為然，導致家庭矛盾加劇。

家長一定要樹立合作教育意識，可以開個統一家庭教育方法的家庭會議，坦誠地交流想法，求同存異。在教育孩子時，按照已經統一的方法、認識去做，看看效果如何。這樣的家庭會議要定期召開。

在這個過程中，可以徵求孩子的意見。孩子是受教育的對象，對大人的教育行為有最直接的感受。孩子往往能很客觀地評價爸爸、媽媽教育行為的優點與不足。應多徵求孩子的意見，對改進家庭教育觀

念和方式是很有幫助的。

　　由於當代生活節奏加快，年輕的父母經常沒時間撫養孩子，一些爺爺奶奶或姥姥姥爺便奮然挑起了照料孫子、孫女的重擔，人們習慣把這種方式稱為「隔代撫養」。

　　如果父母的要求和爺爺奶奶的要求不一致，也同樣會產生不理想的教育效果，甚至因此產生一些家庭矛盾。因此，孩子父母應該在尊重理解祖輩的前提下，進行分析，提供一些書報、錄音、錄像等，給祖輩灌輸一些現代家庭教育理念。

　　最後一點，也是最起碼的，就是不要當着孩子的面吵架。一旦家長在子女面前呈現出了差異和矛盾，最好有一方先讓步，事後再和另一方交流，千萬不能在孩子面前爭吵起來，因為這樣會使夫妻雙方在孩子心目中的威信都降低。如果有一方的觀點偏向於孩子，正合孩子心意，孩子就會覺得自己有了依靠，有了與另一方對抗的底氣，還會加重兩代間的矛盾。

# 10 示弱效應：
## 怎樣讓孩子能幹一些？

一朋友帶小孩來家玩，趁孩子到樓下玩的時間，朋友就向我訴苦，說他的孩子膽小、懶惰、依賴性強。他邊說邊搖頭歎氣，不知該如何是好？

我問他：「你經常幫孩子的忙嗎？」

他點點頭說：「是的！不管大小事情，我都幫。」

我又問朋友：「孩子主動幫過你的忙嗎？」

朋友說：「偶爾有的，但我擔心他做不好，所以沒讓他幫。」

我直接給他開出了藥方：「那從今以後你就和孩子交換一個位置吧。讓孩子多幫你的忙，你盡量少幫孩子的忙。你太能幹，孩子就不能幹，你要在孩子的面前盡量多表現得『無能』些，讓孩子在你的面前表現得能幹些。」

向孩子示威幾乎每個家長都會，但是會向孩子示弱卻寥寥無幾，因為示弱比示威需要的智慧和勇氣要多得多。

在生活中，大多數家長都會以一副高高在上的成人心態教育孩子。然而，很少有家長知道，適當地向孩子「示弱」，更能拉近你與孩子的心理距離，並使孩子在各方面能幹起來。

「示弱效應」本是人際交往中的一種心理效應，多應用在各類組織中的領導與下屬之間。

美國心理學家發現，十個月大的小孩已經把身高和力量強弱等同而視。當一個動作片裡兩個不同身高的形象發生矛盾的時候，孩子會預計矮小的將對高大的做出妥協。如果情況相反，高大的讓位於矮小

的，孩子會表現出驚訝，然後盯着這個意料之外的畫面看很久。

羅特·托馬森（Lotte Thomsen）和她的同事在著名的哈佛大學進行研究後發佈此報道。他們的研究結果說明，嬰兒已經懂得什麼是社會支配地位，並且會根據身高判斷矛盾中的勝者。研究人員說明，孩子在八個月至十個月大之間培養出這個意識。

科學家由此推斷，很顯然，高大者屈服的情況讓孩子驚訝。而相應地，在生活中，如果看到父母向他們「示弱」，對他們的心理衝擊力比「示威」還要大。

說我們家長有意識地「示弱」，並不是說隨便依從孩子的要求，而是指放下「架子」向孩子請教，那就相當於掌握了家庭教育的一把利器。也許有的家長覺得不可取，認為家長怎麼能向孩子示弱，那孩子還不上天了。其實，向孩子示弱，好處多多。

一是能增強孩子的自信心。

在孩子的成長過程中，父母始終處於引導地位 ，在孩子心目中，父母是萬能的，似乎沒有什麼能難倒父母。如果在必要的時候，父母恰當地向孩子示弱，會起到意想不到的效果。


一位媽媽帶兒子爬山的時候，碰到一個很陡的坡，兒子站在前面猶豫不前，媽媽看了就會試探着說：「兒子，媽媽有點不敢過去，你敢嗎？」

於是，兒子回過頭看看媽媽，然後小心翼翼地走過去，媽媽會在後面讓他牽着我的手，實際上，她根本沒什麼危險，但是這種換位的感覺

絕對不一樣。

終於走過去了，媽媽長歎一口氣說：「兒子，今天要不是你，我真的不敢過呢。」

兒子馬上得意地說：「沒有我在你就不敢吧。」

二是能增強孩子的成就感。

當孩子解答了你提出的問題後，他就會產生成就感。在成就感的影響下，孩子的自信心也會產生，處理問題的方法自然也就有了，這對孩子的一生都有很大的影響。

樂樂問爸爸這樣一個問題：「在我們家誰是老大？」爸爸開始不知道怎麼回答，後來告訴他：「在家裡誰的答案正確誰是老大。比如問一道題 3 加 3 等於幾，媽媽的答案是 8，爸爸的答案是 9，樂樂的答案是 6，那麼樂樂就是老大。」

三是能增強孩子的成人感。

在孩子心目中，大人幾乎是無所不能的，如果他連大人提出的問題都解答了，他自然會有成人感。於是，孩子會一點點成熟起來，再不是父母眼中的小不點兒了，什麼事情他都會願意與家長分享和分擔。

一位作家問一位農民父親：「您把兩個孩子都送進了重點大學，請

問有沒有什麼絕招啊？」

農民父親的回答出人意料：「其實也沒啥絕招……我只不過是讓孩子教我罷了！」

原來，這位父親小時候家窮沒唸過書，但他又不能由着孩子瞎混，於是每天等孩子放學回家，就讓孩子把學校老師講的內容跟自己講一遍；然後孩子做作業，他自己也跟着在旁邊做作業，弄不懂的地方就問孩子，如果孩子也弄不懂，就讓孩子第二天去問老師。

這樣一來，孩子既當學生又當「老師」，學習的主動性就甭提多大了……


確切來講，當家長向孩子「求教」時，孩子心裡一定會想：這些問題連爸爸媽媽都不會，我一定要好好表現，幫爸爸媽媽解決這些問題。這樣，孩子就會得到一股無形的鼓勵，從而會表現得更加出色。蘇聯教育家克魯普斯卡亞說：「對於父母來說，家庭教育首先是自我教育。」上面的這位父親，可以算是這句話的成功實踐者了。

# 第二部分

# 搶跑的孩子未必有後勁

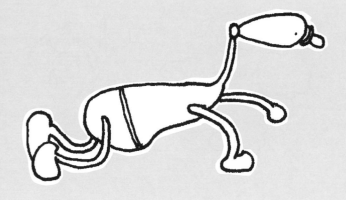

# 11 7±2 效應：
## 「好記性不如爛筆頭」有道理嗎？

在生活中，經常有人說「好記性不如爛筆頭」這句話，認為勤動筆才能記得牢。

但是很多孩子上課卻不喜歡記筆記。他們的理由也很充分：老師每節課都寫好幾黑板，如果忙着抄黑板，就沒時間看書和做練習了。

所以，很多父母和孩子都覺得困惑：上課和讀書到底要不要記筆記呢？

在回答這個問題之前，先請您讀一遍下面的一行隨機數字：

7 1 8 6 3 9 4 5 2 8 4

然後合上書，按照原來的順序，盡可能多地默寫出來。

現在再讀一遍下面的隨機字母：

H J M R O S F L B T W

然後用上述相同的方法，來測試自己的記憶。

假如你的短時記憶像一般人那樣，你應該至少能回憶出 5 個，最多回憶出 9 個，即 7±2 個。

這個有趣的現象，就是 7±2 效應。這個規律最早是在 19 世紀中葉，由愛爾蘭哲學家威廉・漢密爾頓觀察到的。他發現，如果將一把子彈撒在地板上，人們很難一下子觀察到超過 7 顆子彈。

到了 1887 年，雅各布斯通過實驗發現，對於無序的數字，被試能夠回憶出的最大數量約為 7 個。發現遺忘曲線的愛賓浩斯也發現，人在閱讀一次後，可記住約 7 個字母。

1956 年，美國心理學家米勒（George A. Miller）教授發表了一篇

重要的論文《神奇的數字 7 加減 2：我們加工信息能力的某些限制》，明確提出短時記憶的容量為 7±2，即一般為 7 並在 5~9 之間波動。這就是神奇的「7±2 效應」。

由此可見，人腦的短時記憶容量是極其有限的，需要有輔助的手段來幫助，才能記住更多的東西。從學習心理學的角度來說，做筆記確實有益於記憶。下面，我們來看一個實驗的科學研究。

美國心理學家巴納特以大學生為被試做了一個實驗，研究了做筆記與不做筆記對聽課學習的影響。大學生們學習的材料，是一篇 1800 個詞的介紹美國公路發展史的文章，以每分鐘 120 個詞的中等速度讀給他們聽。

他把大學生分成三組，每組以不同的方式進行學習。甲組為做摘要組，要求他們一邊聽課，一邊摘出要點；乙組為看摘要組，他們在聽課的同時，能看到已列好的要點，但自己不動手寫；丙組為無摘要組，他們只是單純聽講，既不動手寫，也看不到有關的要點。

學習完文章之後，對所有學生進行回憶測驗，檢查對文章的記憶效果。實驗結果表明：在聽課的同時，自己動手寫摘要組的學習成績最好；在聽課的同時看摘要，但自己不動手那一組的學習成績次之；單純聽講而不做筆記，也看不到摘要組成績最差。

一些學生認為，反正課本上什麼都有，上課只要聽講就行了，沒必要記課堂筆記。但是研究表明，對於同一段學習材料，做筆記的學生，比不做筆記的學生成績提高二倍。

原因也許並不在於筆記本身，而是因為做筆記這個動作本身，有助於指引並穩定學生的注意力，加強他們對學習內容的理解。記筆記的過程也是一個積極思考的過程，可調動眼、耳、腦、手一齊活動，促進學生對課堂講授內容的理解。

　　同時，記筆記有助於把老師在課堂講授的一些新知識、新觀點記下來，不斷積累，獲得許多新知識。

　　但是做筆記並不是將老師講的每句話都記錄下來，而是抓取知識要點，如重要的概念、論點、論據、結論、公式、定理、定律，對老師所講的內容用關鍵詞語加以概括。

　　但是，是不是要求每個學生上課都必須做筆記呢？

　　這倒也未必。首先我們要理解，課堂教學是由老師的講課和學生的聽課組成的。對學生來說，聽課是第一位的、最重要的。他必須認真聽課，積極主動思考，積極回答老師提出的問題，把老師講的東西聽進去並消化吸收。其次才是記筆記。只有聽懂了課，記下來的筆記才會有意義。

　　有很多學生上課不做筆記，但是聽得認真，而且聽完就能抓住重點並且理解。這種思維能力是因人而異的，由此而養成的學習習慣也是不同的，不必強求一律。

　　所以說，上課是否做筆記，應該看孩子的思維和學習習慣。如果不做筆記並不影響他對學習內容的理解和記憶，那麼就不必強求他一定要寫筆記。

# 12 飢餓教育法：
## 怎樣激發孩子的學習興趣？

在社會競爭日益激烈的今天,「不讓孩子輸在起跑線上」成了一句流行的口號。很多父母給孩子買各種各樣的書和學習 CD,還有五花八門的智力玩具,幾乎都把房間堆滿了。但是孩子偏偏逆反,對這些東西毫無興趣。於是,有些父母就會採取各種方式,「強制」孩子學習。

但是,強迫學習,只會讓孩子感覺沮喪和失敗,是絕不可取的。強迫的身體鍛煉,可能不會對身體有傷害,但在強迫之下獲得的知識,是不會在頭腦中保留的,即便那是一顆求知若渴的頭腦也不行。

遠在兩千多年前的公元前 360 年,柏拉圖就建議,不要向學生進行填鴨式教學:「不應該有任何強制的教育。自由人不應該在獲取任何知識時成為奴隸。」

有一次,著名教育家陶行知在武漢大學講演。他走上講台從包裡拿出一隻大公雞,台下聽眾全愣住了,不知道陶先生要幹什麼。接着陶先生掏出一把米放在了桌子上,然後按住雞頭強迫它吃米,可大公雞只叫不吃,怎樣才能讓它吃呢?他又掰開大公雞的嘴,硬塞大米給它吃,大公雞拚力掙扎還是不肯吃。

這時,陶行知就輕輕的鬆開手,把雞放到桌子上,自己後退幾步,這時大公雞自己就吃了起來。

學習的核心問題,就是一個興趣。孔子說:「知之者不如好之者,好之者不如樂之者。」強按牛頭不喝水,強按雞頭不吃米,興趣才是

最好的老師。但是怎樣才能引起孩子的興趣呢？

在這裡，我想推薦日本教育家鈴木鎮一的「飢餓教育法」。

在鈴木的教室裡，經常有許多孩子被帶來學小提琴。對於初次參加學習的孩子，鈴木的做法是完全禁止摸琴，只允許在旁邊觀看其他孩子演奏。聽到其他孩子奏出夢幻般優美的樂章，新來的孩子學琴的慾望被強烈地刺激起來。直到這時，鈴木才許可孩子拉一兩次空弦。

你也許不理解，為什麼要限制孩子摸琴呢？其實這正是「飢餓教育」的奧妙所在：因為這樣一限制，給孩子的傳遞的信息不是「要你學」，而是「你還沒有學的資格」。這樣一來，卻使琴在孩子心目中的價值無形中提高了，對孩子的吸引力大大增強了。

說到底，這是一種欲擒故縱的教育方法。從心理學上來說，它是完全符合人的學習心理的。

回到孩子的教育問題上，就是要啟發求知人學習的興趣，也就是孔子說的「不憤不啟，不悱不發」。

明代的王陽明一生桃李滿天下，他強調，一定要順應孩子的性情，激發他的興趣，以誘導啟發來代替督責。他形象地說：「大抵童子之情，樂嬉遊而憚拘檢，如草木之始萌芽，舒暢之則條達，摧撓之則衰痿。今教童子，必使其趨向鼓舞，中心喜悅，則其進自不能已。」

宋代著名的三蘇——蘇洵和他的兩個兒子蘇軾、蘇轍，有一副對聯形容他們的文學成就，說是「一門父子三詞客，千古文章四大家」，可

以說是空前絕後，無人能比。

但是據記載，蘇軾和蘇轍並非天生神童，小時候也非常頑皮，貪圖玩樂而不愛讀書。父親蘇洵並沒有採取「棍棒教育法」，而是採用了我們開頭所說的「飢餓教育法」。每當孩子們玩耍打鬧時，蘇洵就躲在書房裡面讀書，有時還忍不住哈哈大笑。

當兒子跑過來想瞧個究竟時，他又把書趕緊「藏」起來。孩子們以為父親瞞着他們看什麼好東西，就趁父親不在家時，將書「偷」出來看，漸漸地也喜歡上了讀書。

孩子的頭腦不是一個要被填滿的容器，而是一個需要點燃的火把。稍微用一點心，利用孩子的好奇心做引子，把他們的學習興趣「引燃」其實並不難。

你可以拿起一本書，聲情並茂地講述，待把孩子的興趣引到高潮後，停住不講並把書「不經意」地放進抽屜，或放回書架較高的位置。

這個動作好像在告訴孩子：這本書雖然有趣，但太深奧，你還看不懂。孩子出於好奇心，一定會爬櫈子找書看，閱讀的趣味也會倍增。找書來讀的過程，對孩子來說就像是一次冒險遊戲一樣充滿刺激，他自然會樂此不疲。

# 13 聚光燈模型：
## 怎樣讓孩子學會專注？

注意力不集中、易分心，是很多孩子具有的特點。年齡越小，他控制注意力的時間越短，小學一年級的學生一次集中注意力時間至多也只有 15 分鐘。經常是眼睛盯着老師，但沒跟着老師的思路走。

　　這是由於孩子的神經系統發育還處在發育當中，不夠完善，注意力不集中這種情況將隨着年齡的增長漸漸好轉。可是小學要求學生上課要坐半小時以上，所以不能被動地等待孩子的自我發育的完善，否則將影響學習效率及學習成績。

　　所謂注意力集中，實際也就是人們所説的專注。它是在同時存在幾個可能的觀察對象或思考對象時，大腦清晰而生動地牢牢抓住其中一個的狀態。它的本質是意識的聚焦和集中，這就意味着捨棄一些東西，以便更有效地處理所專注的事情。

　　威廉‧詹姆斯曾經用一個「聚光燈模型」描述專注：如果世界是一個大舞台，那麼我們只注意到聚光燈照亮的小圈子範圍內的事物。聚光燈照亮的區以外，一片漆黑。正如詹姆斯指出的，這是因為人們的專注行為與視而不見交織在一起；專心於一件事情，就意味着無視除此以外的其他的一切。

　　科學研究已經證明，孩子無法在一定時間內專注於一件事，是因為他們的大腦發育還不成熟。

　　人類專注的能力，即僅僅注意舞台上的聚光燈下那一小塊地方的能力，是由額葉皮質（前額背後的腦葉）決定的。但是額葉皮質，直到青春期後期才能完全形成。這意味着，孩子的大腦還沒完全發育成

熟，他為了專注要費很大力氣。

美國密歇根大學的發展心理學家約翰·哈根，設計了一個記憶任務。他給孩子們一副牌，並一次顯示其中的兩張牌。他要求孩子記住右邊的牌，無視左邊的牌。毫不奇怪，年齡較大的兒童和成年人記住的牌比較多，因為他們能夠聚焦他們的注意力。然而，年齡小的孩子往往記住一些應該忽視的左邊的牌。

顯然，如果成人的注意力像一束探照燈光，那麼嬰幼兒的更像是一個燈泡，光芒一視同仁地普照四面八方，感知和接受一個更廣闊舞台的刺激。

雖然無法集中注意力是嬰幼兒一項極其重要的資產，使他們能注意到身邊的一切，並因而能夠更好地瞭解全部事物是如何聯繫在一起的。但是為了那些需要專注力的學習，還是要加以引導和培養。

前蘇聯心理學家曾做過這樣一個實驗：讓幼兒在遊戲和單純完成任務兩種不同的活動方式下，將各種顏色的紙分裝在與之同色的盒子裡，觀察孩子注意力集中的時間。

實驗結果發現，在遊戲中 4 歲幼兒可以持續進行 22 分鐘，6 歲幼兒可堅持 71 分鐘，而且分放紙條的數量比單純完成任務時多 50%。在單純完成任務的形式下，4 歲幼兒只能堅持 17 分鐘，6 歲幼兒只能堅持 62 分鐘。

這項研究表明，孩子在遊戲活動中，其注意力集中程度和穩定性較強。因此，我們可以讓孩子多開展遊戲活動，在遊戲中培養嬰幼兒

的專注力。

第一種方法是玩撲克遊戲。

取三張不同的牌（去掉花牌），隨意排列於桌上，如從左到右依次是梅花 2，黑桃 3，方塊 5、選取一張要記住的牌，如梅花 2，讓她盯住這張牌，然後把三張牌倒扣在桌上，由家長隨意更換三張牌的位置，然後，讓她報出梅花 2 在哪兒。如她說猜對了，就勝，兩人輪換做遊戲。

隨着能力的提高，家長可以增加難度，如增加牌的數量，變換牌的位置的次數和提高變換牌位置的速度。

這種方法能高度培養注意力的集中，由於是遊戲，符合孩子的心理特點，非常受孩子歡迎，玩起來孩子的積極性很高。每天堅持玩一陣，注意力會有所提高。

第二種方法是玩「開火車」遊戲。

這種遊戲要三人以上，一家三口就可以完成，當然如果有爺爺奶奶或其他參加，那就更好了。為了敘述的方便，現以三人為例，方法是：三人圍坐一圈，每人報上一個站名，通過幾句對話語言來開動「火車」。

比如，父親當作北京站，母親當作上海站，孩子當作廣州站。父拍手喊：「北京的火車就要開。」大家一齊拍手喊：「往哪開？」父拍手喊：「廣州開」，於是，當廣州站的兒子要馬上接口：「廣州的火車就要開。」大家又齊拍手喊：「往哪開？」兒子拍手喊：「上海開。」

這樣火車開到誰那兒，誰就得馬上接得上口。「火車」開得越快

越好，中間不要有間歇。這個遊戲由於要做到口、耳、心並用，因此能讓注意力高度集中，同時也鍛煉了思維快速反應能力，而且這種遊戲氣氛活躍，能調動人的積極性，孩子玩起來會樂此不疲。

第三種方法是利用「舒爾茲表格」進行注意力訓練。

舒爾茲表格，是將一系列數字隨機放在表格中，讓孩子按順序找到這些數字，記錄孩子每次用的時間，每天玩一到兩次，比如：1 到 25 這些數字隨機放在 5×5 的表格中（如下圖），孩子就要從 1 依次找到 25，數字可以隨着訓練的進行逐漸增多。為了增加訓練的趣味性，孩子可以和家長比賽，或者和自己比賽，記錄每次所用的時間，有進步就給予表揚。

| 19 | 9 | 4 | 15 | 13 |
| 8 | 22 | 14 | 5 | 2 |
| 24 | 1 | 10 | 17 | 21 |
| 20 | 7 | 18 | 11 | 3 |
| 6 | 12 | 25 | 23 | 16 |

（5×5 舒爾茲表，隨着孩子越玩越厲害或者孩子年齡增大，可以玩 6×6、7×7、8×8……的）

如果孩子在上課聽講時容易走神，就要訓練他的聽力注意力。

可以每天給孩子讀一篇文章，讀完後要他回答書中的問題，長期堅持就會提高孩子的聽力注意力。或者由家長給孩子唸一組數字，

或一組詞語，讓孩子正背或者倒背出來，比如「3698」，倒背就是「8963」，逐漸增加數字和詞語的長度。

這個遊戲不僅能訓練注意力，還訓練了孩子的記憶力。還可以每天回來追問一下每天上課的內容，讓孩子把每天每節課的內容複述給家長們聽，這樣也能無形中養成孩子上課認真聽課的習慣。

最後一點，也是父母容易忽視的一點，就是不要讓孩子看太多快節奏的卡通片。

卡通片情節生動、內容豐富、畫面鮮艷，許多年輕爸媽都喜歡拿來當孩子的「小老師」。然而，美國弗吉尼亞大學心理學系教授李拉德（Angeline S. Lillard）近期卻通過實驗研究發現，看《海綿寶寶》一類快節奏卡通片的兒童，在一系列有關邏輯能力、記憶力和判斷力的測驗中表現不佳。她認為，孩子如長期觀看此類卡通片，可能有損孩子的注意力等認知能力。

另外，有些孩子在學習時喜歡突然開小差，問父母一些與學習無關的問題，比如晚上吃什麼，或者學校裡有什麼新鮮事。這個時候家長不要搭腔，因為你一搭腔，實際上就是默認孩子寫作業時可以走神了，又把孩子的注意力分散了。最好告訴孩子，有什麼事待她作業做完後再問。

著名教育家烏申斯基說：「注意是學習的大門。」只要你注意到影響孩子專注的因素，進而根據孩子專注發展的特點，採取適當的方法，有計劃、有目的地訓練，相信一定會取得成功的。

# 14 瓦拉赫效應：
## 孩子學習偏科怎麼辦？

偏科，是我們在評價孩子的學習時經常用到的一個詞。在學習中，如果孩子在成績上反映出來的某一科分數持續較低，或者對某一學科的態度特別冷淡，都稱之為偏科。對於孩子的偏科問題，我們要理性地看待。

　　奧托·瓦拉赫是諾貝爾化學獎獲得者，他的成功過程極富傳奇色彩。瓦拉赫在開始讀中學時，父母為他選擇了一條文學之路，不料一學期下來，教師為他寫下了這樣的評語：「瓦拉赫很用功。但過分拘謹，難以造就文學之材。」

　　此後，父母又讓他改學油畫，可瓦拉赫既不善於構圖，又不會潤色，成績全班倒數第一。面對如此「笨拙」的學生，絕大部分老師認為他成才無望，只有化學老師認為他做事一絲不苟，具備做好化學實驗的素質，建議他學化學，這下瓦拉赫智慧的火花一下子被點燃了，終於獲得了成功。

　　瓦拉赫的成功說明，孩子只有找到了發揮自己智慧的最佳點，才能使智能得到充分發揮，便可取得驚人的成績。後人稱這種現象為「瓦拉赫效應」。它同時也說明，孩子的智能發展是不均衡的，都有智慧的強點和弱點，要求他們各科成績齊頭並進是不現實的。

　　不過，中小學生的基本任務，是系統地學習各科的基礎知識。偏科孩子的學習心理與學科內容的難度和廣度不能同步提升，會影響到

他們正常的學習。某個科目總是學不好，久而久之就對這個科目產生了恐懼心理和排斥心理，成績也就越來越下降。如果得不到正確的幫助和引導，往往會越是偏科，越容易走入厭煩該科的惡性循環。

有一個孩子已經上初三了，很聰明，在老師和同學們的眼裡，他是個「怪才」，數學成績在全年級一直名列前茅，但語文成績卻一直不太理想。儘管大人常常督促他在語文學習上多下些工夫，但效果甚微。他在作文中寫道：「我不喜歡語文課和音樂課。語文課上老師總有問不完的問題，而我又回答不好，所以一到語文課就擔心老師提問。音樂課我也不喜歡，因為我覺得自己總是唱不好，同學們會嘲笑我。」

天賦、教師、家庭、同學等等，都可能成為孩子偏科的影響因素。如果只是對孩子泛泛的提要求、說道理是沒有用的，必須找到問題產生的根源，對症下藥，才有可能真正的幫助學生擺脫這種糟糕的學習狀況，幫他們樹立繼續前進的信心。

孩子的智力發展傾向以及思維方式的差異，是導致偏科的主要原因之一。因為智力傾向不同，孩子就會很自然地對某些學科興趣較強，產生學習動力，便能主動積極的去學這門課。同時，對某門學科興趣弱或沒有興趣，自然不願把功夫下在這門課上。

巴勃羅・魯伊斯・畢加索是世界最具影響力的現代派畫家，一幅畫可拍賣到上億美元。他從小就很有藝術天賦，但卻似乎永遠都學不會枯燥無味的算術。他對父親說：「一加一等於二，二加一等於幾，我腦子

裡根本就沒法想像。不是我不努力，我拚命想集中自己的注意力，可就是辦不到。」

一般來說，擅長形象思維的孩子，邏輯思維方面就會有所欠缺，稍不注意，就會出現文科成績好而數學和理科成績不理想的情況。在這種情況下，要充分肯定他的長處，發揮他的長處，增強他繼續學習的信心。在學習生活中教育他揚長避短或取長補短，以彌補理科學習上的缺陷，讓理科學習達到基本要求。反過來，也是一樣的道理。

如果孩子偏科，是因為以前沒考好等原因對某一科有恐懼感，那麼首先要讓他保持冷靜，幫助他從心底深處解開這個結，不能再怕下去了。讓他把以前的課程再複習一兩遍，然後找一些低年級的試卷來做，一般來說，會取得了很好的分數。這可以讓他認識到原來自己能取得好成績，從心理上根本性地改變悲觀心理，從而有勇氣面對這一科目。

一些孩子學習偏科，是受到與老師關係的影響。學生偏愛某一學科往往是由於喜愛任教該科教師所致，偏愛某一學科，能使提高該科學習成績，而好的學習成績，又強化了對該科的喜愛，形成良性循環；反之學生不喜歡某個老師，也往往不喜歡某個老師所教的學科，久之，學習成績下降，喪失對這一學科學好的信心，導致惡性循環。

要告訴孩子，學習不僅僅是一場智商的較量，更多的是情商的較量，與老師相處則是學校生活必需的生存技巧，學會與老師溝通，特

別是與自己不喜歡的老師溝通是十分必要的。一個有成熟思想的人，可以不接受老師的表現甚至做法，但是卻也沒有權利改變你，而且只能保持合作關係，各取所需。無論是積極對抗還是消極抵抗，都太幼稚太衝動，不會適應將來的社會。

父母也可以主動與任課老師溝通。特別是向弱科的任課老師瞭解孩子偏科的原因，共同商討可能的辦法。譬如可建議老師針對孩子的特點，多提簡單的問題讓孩子來回答，多給予積極的讚賞和鼓勵，增強孩子對弱科學習的信心和興趣。

而某些家庭特定的文化氛圍，也會誘發學生偏科，如家長愛好文娛，家庭藝術氛圍濃，則孩子往往偏愛音樂；家長愛好體育，喜歡活動，則孩子偏愛上體育課。而有調查發現家長是語文教師的，孩子愛學語文，當數學教師的孩子愛學數學。這就需要家長自己興趣更廣泛一些，而不要僅僅局限於一兩種愛好。


2006年5月，來自中國寧波的女孩朱成，成為哈佛大學校史上第一位華人研究生院學生會總會主席，引起哈佛大學及美國華人社會的注意。

而在朱成的成長過程中，也曾經發生過偏科現象。朱成進入初中後，很喜歡語文、數學、英語、物理等，唯獨對化學不感興趣。有一天，父母在看一個相聲節目時受到了啟發，於是和她在家表演了一個話劇——《五科爭功》，爸爸分別扮演語文、物理、化學；媽媽分別扮演數學、外語；讓朱成扮演大法官。

爸爸和媽媽分別代表各科上場，強調自己是最重要的一門學科，而其他學科都微不足道。結果，朱成明白了其中道理，有意識地去多接觸相關的知識，偏科現象逐漸消失了。

　　每次考試成績出來，朱成都會這樣報告自己的成績：「爸爸（語文）90分，媽媽（數學）95分……」對此，她有一個比喻：「我愛爸爸，也愛媽媽，不敢偏心哪一個。」


　　美國哲學家愛默生說過：「從現在起我的知識面要拓寬，不能偏於一門，廣博的知識才是應變能力的基礎。」相信只要明白了這個道理，再接着對症下藥，耐心地幫助孩子調整自己的學習心態，偏科現象一定是可以糾正的。到那時，我們就可以進一步考慮，怎樣才能培養出一個瓦拉赫……

# 15 讀寫困難：
## 孩子閱讀困難怎麼辦？

有很多家長發現，平時表現很聰明的孩子上了小學以後，學習成績卻總上不去，朗讀的時候丟字漏字，讀完了不知道什麼意思，寫作業很慢。

他們經常會以為這是孩子不用功，所以經常督促孩子放了學補課到很晚。但事實上，這些孩子很可能有讀寫困難症。

讀寫困難症是一種學習障礙，主要影響孩子閱讀和深入理解語言的能力。在多數情況下，孩子在閱讀、朗誦、書寫、發音時比同齡孩子困難。

讀寫困難的概念，是 1963 年 4 月 6 日美國特殊教育專家柯克在「知覺障礙兒童基金會」研討會上受邀發表演時首次提出的，簡單的說，讀寫障礙是指智力正常或超常，但在讀寫能力上落後於同齡孩子的現象。

實際上，讀寫困難的孩子遠比我們想像的要普遍得多。國際閱讀困難症防治協會估計，這類患者佔學生總數的 8-15%。在美國，發生幾率是 15%，香港是 12%，中國內地是 10%，也就是說整個中國就有 5000 萬兒童有不同程度讀寫困難，數量相當於法國人口，僅北京地區就有 10 多萬！

許多名人都曾患有讀寫困難症，科學家愛因斯坦、英國維珍公司創辦人理查德‧布蘭森、著名模特朱迪－基德等都飽受此苦。好萊塢明星湯姆‧克魯斯說：「我患有『誦讀困難症』，許多小夥伴以此來取笑我。這一經歷使我的內心變得極為堅強，因為你需要學會平靜地

接受這種嘲諷。」

有研究表明，讀寫困難跟腦部運作方式有關，而不是由智商或學習態度引起的。這一點我們必須記住。實際上，讀寫困難的孩子可能是聰明過人的，而且有很多令人驚訝的優點。他們可能在藝術、音樂方面表現卓越，或者有可能成為一名職業運動員。而且，他可能比班裡的其他任何同學都更努力。

讀寫困難是一種「無法預知」的學習障礙。這主要是因為孩子的潛力往往超出成人的想像，他們會用一種獨特的方式，將讀寫困難隱藏起來，比如說記住了故事裡的單個字，並且利用文章的線索來領會這些詞。這樣，家長和老師可能會忽視這個問題，直到孩子升到三四年級。

讀寫困難在每個孩子身上反映是不同的，但是都會有一系列問題。下面是一些讀寫困難症較普遍的徵兆，孩子可能只表現出其中的一種症狀。

開始說話較晚；要花一段時間才能把詞說出來；喜歡聽別人讀故事，但是對字詞或拼音不感興趣；運動技能較差；不能分辨出押韻的字詞。

很晚才形成左右手使用習慣，經常會顛倒字母和數字（b/d，p/q等等）；書寫不夠清晰，結構性很差，一些字詞中間錯誤地留出空隙；讀故事的時候，經常添加或者遺漏一些單詞；理解困難。

受這些問題困擾的孩子，決不會某天早上一起床後就突然豁然開

朗，把所有事情都懂了。問題不僅無法靠孩子自己解決，甚至會隨着年齡增長而越來越嚴重。

因為他們有一套自己獨特的學習方式，隨着他們開始上學，一個最突出的問題是：他們無法在傳統的教室環境中學習讀和寫。

每個孩子都有自己的學習方式，有的通過視覺學習，有的需要聽入信息，有的需要通過操縱用身體獲取信息，還有的需要使用所有的感覺來學習。然而，在學校裡，老師通常都是以聽覺學習的方式來教課，用口頭語言來講述、解釋和回答問題。

但是讀寫困難的孩子卻無法自己對這一信息進行加工。他們需要一種不同的學習方式。一般說，讀寫困難的最佳治療期為 7-12 歲。

從理論上說，應對讀寫困難的最好方法，就是使用多感官方式，將聽覺、視覺和觸覺學習方法結合起來，教孩子技能和概念。

有人通過自己的實踐發現，拿起一本書給孩子講故事時，不要「講」而一定要「讀」，即完全按書上文字一字字給她讀，而不要把故事內容轉化成口語或「兒語」。

原因在於，對於白紙一樣純潔的孩子來說，任何詞彙於他都是全新的。我們認為「通俗」的或「不通俗」的，於他來說其實都一樣。「大灰狼悠閒地散步」和「大灰狼慢慢地走路」，在剛學說話的孩子聽來，並不覺得理解哪個更難。

當孩子理解了文字的作用，把故事與文字聯繫到了一起，那麼文字在他的眼睛裡就是有內容的，就是有趣而生動的故事，一點也不空

洞枯燥。這對於培養孩子的讀書興趣是十分重要的一環。

讀寫困難等語言障礙，是兒童語言發展過程中一種常見現象，和其他病理性障礙並不是一回事，嚴格來說甚至不能算是「病」，而且大多完全能治好。一般來說予以足夠的重視和及時、科學的矯治，不會影響孩子的學習和心理上的健康成長，而且矯治愈早，療效愈好。

英國安德魯王子的女兒比阿特麗斯公主，1996 年 7 歲時，被發現患有讀寫困難症，經過多年的努力，到 2005 年時，閱讀和寫作已經和同齡人差不多了。

作為家長，應給孩子更多的愛心、關心和耐心，為孩子提供一個寬鬆的生活、學習和治療背景——研究已證實，良好的環境可大大提高治癒率。

# 16 蔡戈尼效應：
## 孩子不喜歡閱讀怎麼辦？

書籍是人類的巨大財富之一，讀書可以休養身心、開闊視野。美國伊諾斯大學的研究者德·多金（De Donjon）教授對 205 名具有較強閱讀能力的兒童進行了調查研究，結果表明，這些兒童都在學齡前就已經具備相對獨立的閱讀能力，他們的共同之處是：從很小的時候起，父母就使他們養成了愛讀書的習慣。

但是在當代中國，閱讀卻成了很多家庭的奢侈品，人們越來越喜歡呆在電視或電腦前。如果小孩子看到父母都不閱讀，很難想像他們會主動坐下來靜心讀一本好書。

讓孩子喜歡上讀書，強制差不多是最壞的辦法，甚至會適得其反。因為即使是再有樂趣的事情，也沒有任何人願意在別人的強制下去體驗。

說起閱讀，有些父母往往與識字或接受信息量聯繫在一起，把閱讀當作一項作業，忽略了興趣的提高和能力的培養。他們關心的只是孩子認識了多少字，而不是和孩子分享閱讀的快樂，這對孩子是非常不利的。

我們必須理解，讀書並不是孩子的功課，而是一種生活方式，是一個家庭休閒和相處的一個環節。只有理解了這一點，讀書才會成為孩子生活中的一部分。

真正的閱讀，應該是「悅讀」，而不是苦讀。不要只命令她去讀書，而是和她一起讀，這樣她會認為讀書不純粹是學校的要求，大家是因為愛讀書而讀書。

忙碌而專心的大腦，對愉快的感覺輸入會特別注意。至於讀什麼不讀什麼，大可把選擇的權利交給孩子，或者至少讓孩子親自參與選擇書籍的過程。找到最好的書籍，固然可以激發和建立孩子們對讀書的興趣，但是他自己選擇的東西，他會更感興趣。興趣才是最好的老師。

　　另外，在培養孩子愛上閱讀的過程中，我們有必要利用一下心理學的效應。

　　俄國心理學家布魯瑪‧蔡戈尼（Bluma Zeigarnik）曾經做了一個實驗。她給128名孩子佈置了一系列作業，諸如讀小說、製作泥人、做算術題、看圖作文等，讓孩子們完成其中部分作業，而另一些作業則在孩子們進行到一半時令其停止，不再完成。

　　幾小時後，她要求孩子們回憶他們所做作業的細節，結果發現，有110名孩子能清楚地記住尚未完成的作業，而對已經完成的作業則印象模糊，甚至不記得了。

　　這個實驗證實，包括孩子在內，人都有一種自然傾向去完成一個行為單位，如解答一個謎語，讀完一本書，學好一門語言等，這就是所謂的「心理張力」。「心理張力」可以使人經常處於「適度緊張」狀態，從而保持積極的心態。

　　我們瞭解這個效應之後，可以創造性地運用孩子的「心理張力」，提高他的學習主動性。下面是一位媽媽所寫的經驗：

4 歲的斌斌每晚睡覺前，總纏着媽媽給他講故事，卻不肯自己看書。這天晚上，媽媽拿了一本嶄新的故事書，給斌斌講故事。故事寫得精彩，媽媽講得生動，斌斌聽得津津有味。

　　正當講到最精彩的時候，電話鈴響了，媽媽放下書去接電話。十多分鐘之後，媽媽回來了，發現斌斌正捧着故事書，專心致志地看呢，媽媽的臉上露出了狡黠的微笑。


　　還有一種激發孩子閱讀興趣的簡捷辦法，是給她提供那些拍成了電影或者來自電影的書。很多人看了電影以後，都會選擇去買原著來讀一讀，孩子也不例外。

　　與孩子一起探討，也可以提高她的讀書興趣。雖然讀書是很個人化的活動，但每當讀完一本書，幾乎每個人都會想要和別人來討論下剛才所看的內容。可以和孩子一起閱讀，並把你所喜歡的部分告訴他，然後問他對哪一部分更感興趣，這樣做還可以拉近父母與孩子之間的距離。

　　你們可以依偎在一起看各自的書，或者輪流大聲地朗讀她的書。每天留出時間來，全家靜靜地坐在一起讀書，分享一下各自看到的有趣的文章。

　　讀書時可以準備一些音樂或者美食。人的大腦天性會尋求新鮮的、色彩繽紛的、有音樂感的、移動的、芳香的感覺輸入。把這些感覺與讀書結合起來，能夠使他們享受讀書的快樂。

# 17 易感效應：
## 孩子喜歡反覆看一本書好嗎？

在生活中，我們看到有些孩子很早就養成了讀書的習慣，不管是圖畫書也好，小人書也好，都可以讓孩子其樂無窮。有些孩子看完一本換一本，很有成就感。但也有些孩子總是喜歡反覆地看一本書，看了好多遍了，還是不肯換別的。於是，有些家長就困惑了，不知道這樣好不好。

其實，對於只有幾歲的孩子來說，由於記憶力和理解力還相對有限，書裡新奇的詞彙、表達方式和知識素材，往往需要經過多次的重複，才能在不斷的強化中納入長時記憶，成為可以隨時提取的思維素材，所以孩子反覆看一本書是正常的。

而且，人對外界的事物都是越理解越熟悉就越喜歡，當孩子重複看某本書的時候，他既獲得了精神的愉悅，同時又滿足了好奇心和探索慾，可以深入體會書要傳達的意境和變化，體會人物之間的感受。

可以說，看一本書總要翻來覆去重複看才覺得「過癮」，是一種積極、正向的心理行為，我們做家長的不僅不需要害怕孩子重複看書，甚至要鼓勵孩子重複讀一本書。

在反覆的閱讀中，由於先前的閱讀已經改變了閱讀者知識結構，再讀一遍，他就會更容易覺察書中所包含的潛在意義。這種現象，在教育心理學中稱為「易感效應」。

心理學上的同化理論認為，當新獲得的意義還比較清晰和完整地保持在認識結構中時，再一次接觸這個已學過的材料，已經獲得的認識內容會使學習者產生這種易感效應，更易於覺察精細的意義和微小差別。

據美國 MSNBC 網站近日報道，發表在《消費者研究》期刊的一項

新研究，對人們反覆閱讀同一本書、或回放同一部電影的動機進行了調查。結果發現，對大數人來說，這種「二次消費行為」的舉動，並不是為了回顧或記牢其中的內容、細節等，而是希望自己能用一種全新的視角來看待它，從中挖掘出更多有用的信息，獲得新的啟發。

研究領導者、美國大學消費心理學家克莉斯汀‧羅素也表示，回顧以前的經驗，重複讀一本書是一種積極、正向的心理行為，可能是源於人們天生的好奇心理。這就像是對自我的一種挑戰，有助於激發人們的探索慾望，進一步從更全面、獨特的視角思考問題。


有一次張方平遇見蘇軾的父親蘇洵，就問他蘇氏兄弟在看什麼書。蘇洵回答：「蘇軾正在讀第二遍《漢書》。」張平方驚訝說：「世間的書還有值得讀兩遍的嗎？」

蘇軾後來聽到後說：「看兩遍有什麼稀奇？這位先生不曉得世間還有值得讀三遍、四遍的書！」


蘇軾在詩、詞、散文、書法、繪畫等領域都能開風氣之先，而在讀書方法上，三、四遍地讀一本書也正是他的獨創。他在《又答王庠書》中答侄女婿王庠「問學」，介紹了這一讀書方法。

他在信中說：「少年為學者，每一書，皆作數過盡之。書富如入海，百貨皆有之，人之精力，不能兼收並取，但得其所欲求者爾。故願學者，每次作一意求之。」

這一段的意思是説，年輕人讀書，每一本好書都讀它幾遍。世界上的書就像大海一樣豐富，什麼領域的都有，但是人的精力有限，不可能兼收並取，只求得到想要的就可以了。希望學者讀書，每讀一遍都只帶着一個目標去讀。

其實，蘇軾就是這樣來讀《漢書》的：第一遍學習「治世之道」，第二遍學習「用兵之法」，第三遍研究人物和官制。數遍之後，他對《漢書》多方面的內容便熟識了。這種定向專一、反覆整取的閱讀模式是：帶着 A 目標讀第一遍，帶着 B 目標讀第二遍，帶着 C 目標讀第三遍，帶着 D 目標讀第四遍……

蘇軾在信的末尾説：「甚非速化之術，可笑可笑。」意思是，遠不是速成的方法，是十分可笑的。後代頗有些人對蘇軾的謙虛不以為然，自以為能眼觀六路、耳聽八方，何必一意求之？殊不知貪多求快乃生性浮躁，涉獵雖廣卻是過眼煙雲。

中國大數學家華羅庚先生曾經説過，讀書的真功夫在於「既能把薄的書讀成厚的，又能把厚的書讀成薄的」。按照蘇軾的方法，讀厚又讀薄的過程，實際上就是把這本書讀成幾本書，進而化為自己所有的過程，一本《漢書》，在蘇軾那兒被讀成了《漢書政治學》、《漢書軍事學》和《漢書人物誌》幾本甚至更多本書。

由此可見，一本書孩子看得越深入越好。在孩子看書的過程中仔細觀察，可以瞭解他的專注程度，如果孩子拿一本書翻一翻，還沒有看明白，又看另一本，就説明給他的引導就有問題。

# 18 朗讀記憶：
## 讀書是出聲好還是不出聲好？

孩子上學以後，老師往往要求孩子朗讀課文。可是有的家長卻發現，孩子的嗓門很大，但對內容卻記憶很差，經常是「老和尚唸經──有口無心」，於是就開始疑惑，孩子又用口又用腦，難道不會分心嗎？

　　在這個問題上，口與心其實是不矛盾的。大聲地朗讀，也並不影響孩子的思考和理解，甚至會有助於記憶。

　　因為朗讀是一種「運動記憶」，在大聲朗讀時，它使口腔肌肉的運動沿着某種慣熟的「路徑」形成一種長期記憶，由此產生的記憶效果可以延續幾年，幾十年甚至終生。

　　前蘇聯教育家瓦‧阿‧蘇霍姆林斯基是不謀而合的，蘇霍姆林斯基曾經指出：

　　在小學裡，你要教會所有的兒童這樣閱讀：在閱讀的同時能夠思考，在思考的同時能夠閱讀。必須使閱讀能達到這樣一種自動化的程度，即用視覺和意識來感知所讀材料的能力要大大地超過「出聲地讀」的能力。前一種能力超過後一種能力的程度越大，學生在閱讀時進行思考的能力就越精細。

　　說到底，這也就是孔子所說的「學而不思則罔，思而不學則殆」的道理。但是任何事情的利與弊，都不是絕對的。日本有一位叫高木重朗的心理學家曾說過：

一般來說，朗讀比較好記。尤其是頭腦不清醒的時候，更應該清楚地讀出聲來，這是因為朗讀會給大腦以刺激，思想容易集中到一點，整個身心好像進入了「臨戰」狀態。

高木重朗與蘇霍姆林斯基的觀點似乎是針鋒相對的，應該聽誰的呢？還是來看看實證的研究吧。

在 2010 年 5 月的《實驗心理學》雜誌上，有一篇由考林・麥克勞德等撰寫的論文，題目是「學習，記憶與認知」。文章建議說，在學習時，偶爾自言自語、唸唸有詞，也許是個不錯的主意。

在文章中，他們通過實驗研究了人們對像單詞表一類事情的記憶。他們發現，如果讓人們記憶單詞時，默默地閱讀單詞表裡的一半單詞，但是卻大聲地唸另一半的話，那麼大聲唸的一半，比默讀的另一半，被他們記住的單詞要多得多。

作為對比，他們找了另外兩組人，一組大聲唸名單上的所有單詞，另一組默默地唸名單上的所有單詞。全唸的比全不唸的，在記憶單詞上的表現好不到那裡去。倒是只大聲唸一半而默讀另一半的人，記憶單詞的成績最好。

由此可見，我們不能泛泛地說出聲朗讀一定能幫助記憶，蘇聯人和日本人各說對了一半。

唸一半默讀一半的記憶之所以效果好，其中的原因在於：不同的閱讀方式，使單詞表裡的一部分與眾不同。口中朗讀的詞，現在變成

語音又被他的耳朵聽到，他知道曾經「生產」過它們，並且記得曾經聽到過它們。所有這樣的信息使他唸過的單詞，有別於默讀的其他單詞，因而被你記的更牢。

記憶的竅門之一是「獨特性」。說的是，獨特的東西讓我們更記得住。我們身邊的例子是，多少年以後，當你遇到老同學老朋友時，每個人似乎都以不同的方式，記得學校裡那個與眾不同的孩子。

這一結果建議，如果你的孩子需要記憶某篇文章的一些內容，他應該先找出那些最重要的信息，大聲地讀出它們，以便更好地記牢它們。即使是小聲地唸叨一番，也有助於使它們更令人難忘。

朗讀能加深記憶、鞏固記憶，能喚起人們的感知和想像。但是，如果把大量的內容一齊朗讀，可能效果不如朗讀其中的重點。好鋼用在刀刃上，不是嗎？可見，讀書出聲與不出聲哪個更好，從記憶效果來看，是沒辦法定性地分析，可能需要定量分析。

# 19 有意義學習：
## 孩子是不是越早識字越好？

關於早教的問題，很多家長有一些似是而非的認識，比如認為早教就是讓孩子早識字、早背唐詩甚至是學英語。

早在前幾年時，一個朋友帶孩子來做客。這個年齡和筆者兒子差不多的小傢伙，居然能夠認幾百個字，據朋友說，是從小就教識字，買幼兒圖書在睡前給孩子講解，將識字卡片貼在家中的物品上隨時複習，看電視、逛街時也抓住一切機會教寶寶認廣告、招牌上的文字……

但事實上，教育家盧梭很早就給這種努力潑過冷水。他指出，幼兒過早識字毫無意義，他形象地說：「人們在煞費苦心地尋找教讀書寫字的最好辦法，有些人發明了單字拼讀卡和字卡，有些人把一個孩子的房間變成了印刷廠。真是可憐！」

而事實也證明，晚識字不見得一定會影響智力的發展。據記載，清朝的戴震九歲時才會說話，十歲時才入私塾讀書，而後來他卻成為集哲學家、數學家、訓詁學家、地理學家和教育家為一身的大學問家；北京大學副校長陳章良教授在七歲之前也不識字，而他不到三十歲就成為博士生導師。這說明，識字早晚和以後的智力水平以及取得的成就，並沒有必然的聯繫。

首先，過早進行識字這樣明確而直接的學習，會影響他獨立和有創造性地發現解決問題，限制其探索多種解決方案的能力。

加州大學的心理學教授艾莉森·高普妮克（Alison Gopnik），曾經在美國知名網絡雜誌 *Slate* 上發表了一篇文章，用實驗結果來解釋了這一點。

文章的題目是《為什麼幼兒園不應該像學校：新研究表明給孩子教的越多，越適得其反》，其中指出，在孩子非常小的時候，太多的直接指令，或許可以幫助兒童學到具體的技能與知識，然而卻忽略了兒童的好奇心與創造性，可後者從長遠來看對於學習則更為重要。

最近聽到一個調侃教育過於功利的順口溜：「在幼兒園讀小學的課程，小學讀中學的課程，中學讀大學的課程，大學畢業後，再回頭補習幼兒園的課程。」想一想，這又是何苦來着？！

其次，在孩子會讀文章之前的識字方法，多是一種低效能學習。

美國著名心理學家奧蘇貝爾（D. P. Ausubel）在教育心理學中最重要的一個貢獻是提出「有意義學習」，這是一個和「機械學習」相對立的概念。他的重要論斷是：有意義學習才是有價值的。

依據他的理論，無意義音節和詞只能機械學習，因為這樣的材料，不可能與孩子的認知結構中的任何已有觀念建立實質性聯繫，這樣的學習完全是機械學習，所以是低效學習。

在今天，教孩子認字最簡捷常用的一種方式是識字卡。有很多家長認為，利用識字卡的確能提升和掌握不少的數字和文字，何樂不為？報紙上曾經登過一個消息，說一個四歲的孩子能認得二千漢字。原來是他的爺爺把識字卡片貼了滿家，每天讓孩子認。

然而，學外語的人都知道，如果孤立地背單詞忘得很快，但如果把單詞放到語境中學習，效果就非常好。所以，即使孩子通過識字卡認了好多字，如果不能專注地讀一本書的話，那就是把識字和閱讀割

開了，可能早早地破壞孩子的學習興趣和自信心。

迷戀識字卡的父母，建議閱讀一本名為《愛因斯坦不玩識字卡》，因為它會告訴你把智力和表現能力混淆的危險性。

孩子智力的關鍵是如何學習、如何吸取經驗和如何解決問題。四歲的孩子會認漢字和數字，隨時可應成人的要求而反應正確，就被視為聰明，其實這只是一種表現的能力，與智力無關。

嬰幼兒的思維以具體形象和直觀的行動思維為主，他們在理解事物時，是借助具體事物和直觀行動進行的。要讓他們區別鹽和糖，與其帶着他們三天化驗、五天觀察、七天分析、九天研究，不如讓他們自己用嘴去嚐一下更有效。

浙師大心理系曹曉華副教授等研究者研究揭示：我們讀到漢字，大腦會有專門的區域來加工這些漢字的視覺形狀信息，這個專門區域就在左腦，心理學上把這種能力稱為「專家化技能」。兒童大腦裡的漢字識別機制到七歲才初步成熟。過早地讓他們背唐詩、學習加減法等，往往只能是死記硬背或是囫圇吞棗。

學過的東西，說他們會吧，又不會；說他們懂吧，也似懂非懂，就像煮了一鍋「夾生飯」。有一句俗話說，「回籠的饅頭不好熟」。等上了小學，老師對這鍋「夾生飯」也不好處理。

所以，教育學者認為，其實父母完全沒必要在學齡前給孩子太多的「知識灌輸」，會做多少算術題、能識多少個字或者能背多少首唐詩，這些都不是很重要的。

相反，父母要做的是啟蒙孩子的想像力和探索精神，以及與人溝通的表達能力，並且要能養成今日事今日畢的良好習慣，這些能力才是基礎中的基礎，遠比單純地學「知識」重要得多。

　　一言以蔽之，反思可以集中在這樣一個問題上：我們想培養的是喬布斯那樣的人才，而不是蘋果專賣店裡的打字員呢？

　　「不要讓孩子輸在起跑線上」這句話明顯帶有誤導性，導致的結果是家長在教育孩子時嚴重違背了教育規律，磨掉了孩子的靈氣與對可持續性學習的好奇心。所以，在考慮這個問題的時候，請記住一句話：搶跑的孩子，未必有後勁。

# 20 字如其人：
## 還有必要教孩子練寫字嗎？

隨着電腦的普以及「無紙化辦公」觀念的推廣，很多人都開始同意一個論調，那就是「練寫字還不如練練電腦打字，反正以後主要是用電腦。」人們在生活中越來越少用筆寫字，也就出現了「一手好字叫鍵盤廢了」的現象。

這種觀念反映在孩子教育上，就是對書法教育的忽視。很多家長認為，讓孩子參加美術、音樂等藝術培訓，成為特長生，能增加藝術特長，為以後上大學走上社會做準備。一些學校針對美術、音樂等藝術類特長生有一定錄取名額，而對於書法幾乎沒有特長生名額。

的確，與電腦輸入的快速整潔美觀大方相比，傳統的書寫似乎已經成為了一種落伍行為。有人甚至認為，就如同當初鋼筆圓珠筆擠垮了毛筆一樣，鼠標鍵盤擠垮筆桿也將成為時代進步的標誌。

但是問題真的是這麼簡單嗎？

古人說「為書之道，練字次之，練心為上」，指出練字並不僅僅是在紙上寫字這樣簡單，還會培養人的心性素養。事實上，這種觀點也臨到了現代心理學研究的支持。研究表明，用手寫字可能是一種訓練大腦的重要方法。

美國華盛頓大學的心理學教授維吉尼亞·貝爾寧格（Virginia Berninger）說，用手書寫，與用手敲擊鍵盤打出字母不同，前者須要用線條創造出字母。這些手指的運動能激活大腦中涉及思考，記憶以及語言等很大部分區域。所以，書寫幫助孩子學習文字和形狀，促進他們想法的形成，還可能使運動技能得到發展。

貝爾寧格研究發現，在二、四、六年級寫作文時，比起用鍵盤上打字的孩子，用手寫字的孩子們能用更多的詞彙，寫得更快，還能表達更多的意思。

《認知神經科學雜誌》一項研究表示，不僅僅是孩子們受益於手寫。成年人在學習一門新語言的時候，手寫比敲鍵盤更能幫助記憶。

最近一項調查顯示，83% 的人有提筆忘字的經歷，74.2% 的人在工作生活中手寫機會不多，68.8% 的人有一年以上時間沒收到過別人的手寫稿。而當我們因為用久了電腦，而突然發現已經「得筆忘字」的時候，也許並不僅僅是因為對字生疏，而有可能是因為大腦中的某部分也發生了改變（更可能是退化）。

日本的電腦普及率很高，但每年仍會舉辦「寫字節」。一到這一天，成千上萬的日本人就聚集在一起寫大字，場面十分壯觀。

哲學家尼采曾經說：「我們所用的寫作工具參與了我們思想的形成過程。」我們的孩子有幸出生在方塊字的國度，要珍惜這樣的機會，不要把孩子放逐在書法美的國度之外。

世界上文字幾乎都是表音的，也就是拼音文字。唯獨漢字，既不是拼音文字，又不是象形文字，行如流水的草書，秀麗的楷書，端莊的大篆小篆，都充滿了獨特的魅力和深厚的文化積澱。

書寫過程就是人「心手相通」的過程，是進行「投射」和「反射」的過程。從一個人的筆跡，甚至可以從中看出其性格稟賦與發展潛力。據說宋朝抗金名將宗澤一見到岳飛龍飛鳳舞的手跡，馬上說：「此非

凡品也」，提拔岳飛於行伍之中。

寫字對於孩子們形成性格至關重要，如果從小寫字不認真，以後做事很可能不認真。而練字，可以對孩子性格中的固執、柔弱、生硬、急躁、粗心、厭學、注意力差等弱點進行矯正，使其成為一個觀察力強、心思細密、沉潛內斂而富責任感的人。

廈門教育學院的心理學家金一貴老師認為，通過練字，可以使孩子性格中的不足得到矯正：「通過改變書寫者原來運筆中不好的習慣，使新的書寫行為形成投射，使之向內在的心理活動轉化，進一步反射到大腦，並形成記憶，有助於新的良好的心理個性品質的培養。」

他曾經舉了一個例子：

初一男生小輝性格內向、但好動有膽量，起初寫字字間距、行間距很緊（為自己考慮多，對人際關係較認真），筆畫直且硬，橫折直角多（思維與行為表現剛且生硬），橫畫短、上仰，字瘦長，上緊下鬆，筆畫擠往中間（有上進心，多思，良好的思維沒充分展開，容易心煩）。

後來，小輝有針對性地進行字帖臨摹訓練後，在半年內書寫有了明顯改變，性格也隨之開朗了不少，且有了不少知心夥伴。

除了對性格的影響，練習書法還能夠加強孩子注意力、辨識速度與準確性，有助改善抽象推理能力、視知覺能力、視空間能力及短期記憶，對於孩子的智力發展的作用也不容小看。

# 第三部分

# 習慣比成績更重要

# 第十名效應：
## 孩子學習成績不用太好？

經常有一些朋友與我交流孩子的教育問題，那些學習成績比較好的學生家長，大都會說：我們家裡對他要求很嚴格，我要他每次考試都爭取是班上的第一名。有的家長甚至會說，現在是贏家通吃的社會，孩子考不了第一，就永遠沒有成功的機會。

家長對孩子嚴格要求沒錯，用考試名次來衡量孩子的進步，這樣的觀念是危險的。

2004 年，《紐約時報》發表了一篇題為「朱莉亞效應（Julliard Effect）」的文章。朱莉亞音樂學校，是位於美國紐約的世界頂級音樂學院。能夠進入朱莉亞學校的，全是來自世界各國的頂級天才級年輕音樂家。考取這所音樂學校，等於考中了音樂的狀元──而且是全球的狀元。

這篇文章的作者，調查了該校 1994 年畢業班幾十位同學的就業現狀，發現只有不到一半的人，在畢業十年之後還在從事音樂工作。很多人做着和音樂無關的工作，有人做了銀行業，有人做了會計，有人從事了計算機，還有一個人居然做的是報稅員，這是一種簡單低級財務工作。

為什麼這些來自全世界的音樂狀元，畢業後的就業情況竟如此差強人意？《紐約時報》指出：無論你多麼有才，但要想獲得成功，除了專業知識之外，你還必須擁有更全面的能力。

無獨有偶，2009 年，中南大學教授蔡言厚帶領的課題組發表《中國高考狀元調查報告》，再次印證了這個結論：1977 年至 2008 年

32 年間的高考狀元，幾乎沒有一個成為做學問、經商、從政等方面的頂尖人才，他們的職業成績遠遠低於社會預期。用一句成語來形容他們，就是「小時了了，大未必佳」。

大陸作家劉誠龍曾經做過一次有趣的調查，他把兩份名單給人看，問他們是否熟悉這些人名。第一份名單是：傅以漸、王式丹、畢沅、林召堂、王雲錦、劉子壯、陳沅、劉福姚、劉春霖。第二份名單是：李漁、洪升、顧炎武、金聖歎、黃宗羲、吳敬梓、蒲松齡、洪秀全、袁世凱。

結果，被調查者多數對第一份名單中的人一無所知，而對第二份名單耳熟能詳。謎底最後揭曉是：第一份名單裡的人，全是清朝的科舉狀元；第二份裡的人，全是當時的落第秀才，後來卻成為各領域的翹楚，有的成為思想家，有的成為文學家，有的成為一代梟雄……

那麼，考試得多少名的學生，會取得高於預期的職業成績呢？

杭州市天長小學的老師周武，用一個調查回答了這個問題。1989年開始，他經過十年，追蹤調查了 151 名畢業班學生。

他發現，學生的成長是一個動態的過程。在這種動態變化中，小學的好學生隨着年級升高，出現成績名次後移的現象：小學時主科成績在班級前五名，進入中學後名次後移的，佔 43％；相反地，小學時排在七到十五名的學生，進入中學後，名次往前移的比率佔 81.2％。

周武提出了一個名詞「第十名現象」：第十名左右的小學生，有

着難以預想的潛能和創造力，讓他們未來在事業上嶄露頭角，出人頭地。這裡所指的第十名，並非剛剛好第十名的學生，而是泛指成績中庸的學生。這個群體的共同特徵是：他們受老師和父母的關注不那麼多，學習的自主性更強、興趣更廣泛。

愛因斯坦和比爾・蓋茨在讀書時期，成績並不好，可是後來卻分別成為了出類拔萃的科學家和企業家。據說，愛因斯坦在大學畢業後，曾經回母校找老師，但他老師根本記不起他，還以為來的是一個想借錢而謊稱是他學生的小混混。

那麼，導致這種現象發生的原因是什麼呢？

周武總結，名列前茅的學生因為得到父母、師長過分關注，過分強化學科成績，反而壓抑了潛能和學習自主性。他們把全部時間都用在了對書本知識的學習上，所以雖然成績優秀，但平時很少接觸書本以外的知識。而「第十名」的學生，功課學得也不錯，同時又留有空閒時間瞭解課堂上不能學到的知識，因此，他們的知識面更豐富，知識結構更完整。

考試第一名的孩子，綜合能力並不一定是最強的。日本的松下公司就有一種很特別的擇才標準，即「尋求 70 分人才」。公司創始人松下幸之助認為，人才的僱傭以適用公司的程度為好。程度過高，不見得一定有用，招募過高水準的人是不適宜的。這種選才用才方法，與第十名現象如出一轍。

考試名次既然價值性不大，究竟什麼才能產生價值？耶魯大學心

理系教授羅伯·史登堡（Robert J. Sternberg）是美國學習智能方面的研究者，他提出了「智慧三元論」——成功智商包括分析能力（analytical intelligence）、實務能力（practical intelligence）和創造能力（creative intelligence）。只重視智力的「成績評量方式」只測量了學生的分析能力，卻沒有分析到實務能力及創造能力，是有偏差的。學業能力只代表「今天」的成功，無法保證未來的成就。

數學家笛卡爾說過：「擁有靈活的大腦是不夠的，最重要的是，正確地運用大腦。」孩子的能力是多方面的，如人際溝通能力、領導管理能力、創造力、協調力等。這些能力都是在考試成績中無法體現出來的，可對一個人的事業成功來說卻是非常重要的。因此，家長不要過分看重孩子的考試成績，而忽視了對孩子其他能力的培養。

最後，引用台灣作家林清玄的一段話，送給那些渴望孩子每次考第一的家長吧——

如果你的孩子是第一名，那就讓他別那麼努力，輕鬆點進七到十七名裡，那才能成功嘛。如果你的孩子是後幾名，那就讓他努力進到前 17 名裡面。

# 22 反撥效應：
## 考試多對孩子好不好？

現在的很多孩子感覺上學壓力大，很大一部分是來自於考試。不要說期中、期末，就是平時的測試，孩子總也得複習應對，考完以後又要改正。

　　筆者曾經聽來幾句順口溜，來形容考試對孩子的「摧殘」：考試就像得了病一樣，考前是憂鬱症，考時是健忘症，考後病情開始好轉，拿回卷子時，心臟病就發作了。所以，很多家長呼籲學校減少一點考試，不要搞題海戰術，也在情理之中。

　　但是在這個現象的背後，我們要思考的問題是：考試對孩子學習的作用有多大？或者說，對孩子有沒有好處？

　　這個問題的答案，關鍵在於老師和孩子如何看待和應對考試。

　　按道理來說，階段性的考試，只是為了看看孩子前面的知識到底掌握沒掌握，遺漏在哪裡，用來指導後一段的學習。所以，考試只是檢驗孩子對知識掌握程度的一種手段。

　　但是現在，很多學校卻把考試變成了督促學生學習的殺手鐧，假如考不好，會給予懲罰，考得好，會給予獎勵。這給學生造成了很大的精神壓力，讓他們整天心事重重，嚴重影響情緒。正所謂「考考考，老師的法寶、學生的苦惱」。

　　這樣的考試，其實是已經失去了本來的意義。不過，我們不能因為這種變了味的考試，就抹殺了考試本身的意義。

　　根據研究，考試和小測驗其實是學習的有效工具。詹姆斯在其《心理學原理》一書中就討論了測試的作用——

我們的記憶有一個奇怪的特性，即積極的重複比消極的重複能讓我們更好地記憶。我的意思是，當我們幾乎學會了某一內容時，與其再看一遍這些內容，不如停下來試著回憶一下。如果我們能通過後一種方式回憶出一些內容，那麼在下一次我們應該也能回憶出來；而如果是以前一種方式，我們很可能需要再學一次……

測試不僅測試了孩子知識的掌握程度，還改變了它們，而且往記得更牢的方向上改變。因為它促使孩子從遺忘的沼澤中重新拉出一段信息進行再記憶，並且從本質上改變了信息的存儲方式，使將來的回憶變得更容易。在心理學上，把測試對孩子知識記憶的促進現象，稱為「反撥效應」，也叫「測試效應」。

美國華盛頓大學的亨利・羅迪格（Roediger）博士和傑弗里・卡匹克（Jeffrey Karpicke）曾經進行過一個實驗，要求一群大學生在短時間內通讀一篇科普文章，並在之後做一份閱讀理解。

當學生在兩個學習段中連讀兩遍文章，他們能在隨後進行的測試中獲得高分，但會漸漸開始遺忘。但是，如果他們在第二個學習段中做一下模擬測試，他們不僅能在兩天後的考試中獲得高分，並且能在一周後還保有清晰記憶。

羅迪格說：「一想起『考試』總會令人不快，眼前就會浮現出千篇一律的考試場景，但我們可以為它改個稱呼，這是我們『最有力的學習武器』。」

當然，孩子討厭考試的一大原因，是因為它總是很難做。但是恰恰因為它的難，才使其會對學習有巨大幫助。考試越難，孩子答題的時候越是絞盡腦汁，越能讓孩子對考試內容難以忘懷。

　　可見，讓考試回歸考試的本來意義，而不是成為老師評價學生優劣的準繩和施加壓力的工具，它還是很有價值的。我們可以讓孩子慢慢理解，並且嘗試做一些自我測試來鞏固學到的東西。

# 23 葉克斯－道森定律：
## 為什麼會臨場發揮失常？

在學校裡，我們經常會看到一些「命運不濟」的孩子，他們平時學習很好，課堂表現也不錯，但是一到考試卻往往發揮失常。因為學習不錯，他們本來認為可以考得很好，對成績有較高的期望，一旦考砸了，心裡就會不平衡。有個孩子把一首《考試詩》拿給我，描述考試中受到的打擊——

拿到試卷透心涼，一緊張，詞彙忘。似曾相識，解釋卻不詳。語法閱讀兩茫茫，看作文，淚千行。兩小時後出考場，見同窗，共悲傷。如此成績，無臉見爹娘。待到成績發榜日，樓頂上，淚千行！

這樣的打擊，會讓他們變得比較敏感，容易失去平衡。在下次考試時，就會更加緊張，形成惡性的循環。

克拉克是澳大利亞長跑名將，在 1963 年至 1968 年曾 17 次打破世界紀錄，是田徑場上的奇才。然而，正處於運動巔峰期而且眾望所歸的他，卻在兩屆奧運會的賽場上發揮失常，而與金牌失之交臂。

後來，那些平時訓練水平高、成績好的運動員在大賽中的失常現象，就被人們稱為克拉克現象。其實不僅是在運動場上，舉凡是考試和競賽的地方，都會出現臨場發揮失常的現象。這到底是為什麼呢？

1980 年，心理學家葉克斯和道森通過實驗發現，人做事的效率，和焦慮水平之間有一定的函數關係，表現為一種倒「U」形曲線。

簡單地說，就是隨着緊張程度增加，人的積極性、主動性和意志

力也會隨之增強，當焦慮水平為中等時發揮得最好，這時人的緊張和焦慮對能力發揮有促進作用；不過，當人緊張過了頭，焦慮水平超過限度時，又會對能力發揮產生阻礙作用。

這就揭示了緊張焦慮程度對能力發揮的影響：輕度緊張、適度焦慮，相當於神經內分泌功能的總動員，會調動自己生理、心理的各種積極因素，以應付緊急情況，有助於臨場競技水平的發揮。但是，如果過分緊張、焦慮過度，使測試焦慮達到第三級水平時，會出現上述精神疲勞和心理疲勞現象，嚴重地影響能力的發揮。

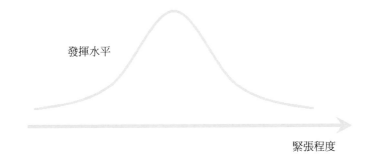

焦慮水平的高低，與任務的難易程度有直接的關係。打個比方來說，壓力過大就像一個鉛球一樣，壓力不夠就像一片樹葉一樣，而適度的壓力就像一塊石子。鉛球太重，樹葉太輕，人都沒辦法扔得很遠，而只有輕重適中的石子可以拋得最遠。

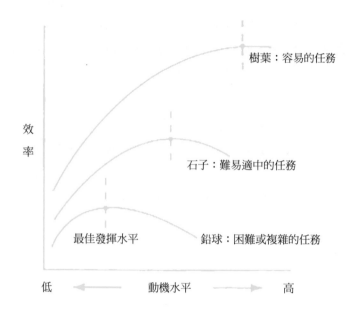

效率

樹葉：容易的任務

石子：難易適中的任務

最佳發揮水平　　　　鉛球：困難或複雜的任務

低　←———　動機水平　———→　高

　　學生考試和任何競賽類活動一樣，光想贏的未必贏，不怕輸的反而不輸。要幫助孩子，父母先要解除對分數的焦慮。對孩子在考試時取得的成績，要根據自己的實際能力和目標的相對難度，確定期望值，也不要和別的同學比。如果確定了一個過高的目標，無形中也就增加了任務的難度，焦慮水平就可能會過高。

　　只用考試成績作為評價孩子的尺度，父母就都變成了盲人。只有用多把尺子衡量，才能真正發現孩子的優點和長處，從而更寬容地看待孩子的考試。英國教育家斯賓塞曾經說：

身為父母，千萬不能太看重孩子的考試分數，而應該注重孩子思維能力、學習方法的培養，盡量留住孩子最寶貴的興趣與好奇心。絕對不能用考試分數去判斷一個孩子的優劣，更不能讓孩子有以此為榮辱的意識。

家長的分數焦慮解除了，接下來的問題是，怎樣幫助孩子減輕過度的焦慮和緊張呢？

一個傳統的方法是適度的運動。研究表明，緊張情緒會使肌肉緊張，並產生大量的熱能，而原地走動、小跑、踢腿等運動，可以使肌肉鬆弛下來，釋放緊張情緒產生的熱量，從而緩解緊張情緒。讓孩子考前做一些不太劇烈的運動，可以緩解焦慮。

還有一個方法是自然科學雜誌報道的最新研究成果，那就是在考試前用筆寫出自己的擔憂，反而可以降低焦慮的程度。

研究者找到 20 名學生進行實驗，讓他們參加兩次數學考試。第一次，所有學生像平常一樣參加第一次考試。但在第二次考試前，告訴學生們，如果得高分就能贏得獎金，他們的一位朋友已經通過了考試，考試的過程被全程錄像，他們的老師和朋友都能夠看到。

然後，讓一半學生利用 10 分鐘時間寫出自己對考試的擔憂情緒，而剩下的一半則靜靜地等待考試。

結果發現：靜待考試的學生成績比第一次下降了 12%，而考前寫下自己擔憂的學生，成績比第一次提高了 5%。不過要注意，一般的寫作對改善焦慮沒影響，只有關於考試的寫作才能降低焦慮程度。

# 24 動機擁擠效應：
## 應該給孩子發獎金嗎？

在今天的商業社會裡，人們對金錢能帶來的好處瞭解得相當清楚。毫無疑問，不論孩子還是大人，任何年齡的人都會為錢而努力工作。不過，這一點對孩子的學習幫助有多大，卻要打個問號了。

孩子考試得了好成績，帶他去肯德基吃了一頓，再獎勵了 100 元。於是，孩子會保證以後認真學習，考得更好。之後，每次期末考試拿到好成績，一定會伸手要獎勵。但是隨着年齡增長，他的要求一定會越來越高，這時家長就會犯難了：答應吧，成本太高；不答應吧，又怕打擊了孩子學習的積極性。

這些家長很困惑，對於孩子的好成績，要不要發「獎金」呢？

其實，從幾十年前開始，心理學家就着手研究這個問題了。他們研究認為，雖然釣魚獎勵可以讓孩子更努力地唸書，但是也有不良副作用。

有一個有趣的心理實驗，研究者發給孩子們彩色的軟頭筆來畫畫，那是一項孩子們最喜歡的活動。

孩子們被分為 A、B 兩組。A 組孩子得到許諾：畫得好，就給獎金，B 組孩子則只被告之「想看看你們的畫」。兩個組的孩子都高興地畫了自己喜愛的畫。A 組孩子得到了獎金，B 組孩子只得到了幾句讚語。

三星期後，心理學家發現，A 組孩子大多不主動去繪畫，他們繪畫的興趣也明顯降低，而 B 組孩子則仍和以前一樣愉快地繪畫。而且，一旦停止給錢，A 組孩子立馬失去畫畫的熱情，而對照組的未付錢的孩子，則繼續樂此不疲到處塗鴉。

這個實驗，曾在不同國家、不同興趣組裡進行過，實驗結果得到了反覆驗證。

這個實驗告訴我們：獎金固然可以強化某種良性行為，但它也存在巨大風險：外部獎勵侵蝕孩子對學習的內在興趣，使孩子只對獎金感興趣，而對行為本身失去興趣。在心理學上，這叫做「動機擁擠效應」（motivation crowing），也就是說獲得外部獎勵的動機與內在動機發生了衝突，前者削弱了後者。

在這種情況下，一旦外部獎勵系統停止，小孩的學習興趣就減退，成績就下降。畢竟，如果有機會掙錢，孩子為什麼要免費做呢？

有這麼一個笑話，說某孩子要參加一科的考試，於是父親給了孩子100塊錢，希望用這個方法激勵孩子。他告訴孩子說：「分數是有價值的，1分就等於1塊錢，我相信你不會讓我失望。」

考試結束，孩子從學校帶回了試卷交給父親，裡面有找還給父親的64塊錢。

這是個笑話，不過美國的一些公立學校確實在試驗「現金換成績」。在紐約市的「星火計劃」裡，一個成績好的四年級的學生可掙250美元，七年級學生掙的還能翻一番。芝加哥的「紙項目計劃」，允許唸書好的九年級和十年級學生賺取最高達2000美元（平均800美元）。

這些項目是由哈佛大學的經濟學教授羅蘭德－弗賴爾設計的。結果仍未公佈。儘管如此，我們對研究的結果猜出個八九不離十。

首先，如果唸書的興趣非常低，金錢可以改善學習動機。

第二，對於數學這樣學生最恨的科目，學習成績應該能改善。

第三，對於學生喜愛的科目，金錢激勵自然會收效甚微。

第四，一旦物質刺激結束，各科成績將會一落千丈。

最後，參與物質刺激計劃的學生，將長久地失去為自己學習的興趣。

雖然現在是一個知識經濟的時代，但我們還是不要這麼早把知識和金錢掛鈎吧？否則，它不僅會變成一項負擔，更可能毀掉孩子學習的興趣。與物質獎勵相比，讚美孩子看上去不會那麼立竿見影，但是長期來看卻是一個惠而不費的方法。

如果非要進行物質獎勵的話，也盡量不要用現金的方式。錢要花在刀刃上，而不是刀背上，你可以給孩子主導權，讓他選擇一件自己喜歡做的事情，比如一起看場電影、旅遊等，或者在不經意處給他一個 surprise 吧！

# 25 免疫效應：
## 考前突擊比平時學習效果更好嗎？

現在的孩子很聰明，凡事都喜歡找捷徑。可是有些捷徑用在學習上，卻往往適得其反。比如平時上課懶散，在考試前突擊十天八天就能取得「事半功倍」的成績，甚至會比平時用功的學生考得還好。

究其原因，是他們把考試成績當成了學習的終極目標，而不是當作檢查和提高知識技能的手段。我聽說，有學生編了兩副對聯來形容突擊學習的好處——

看一題考一題，緣分啊；
蒙一題對一題，運氣啊；
橫批：多做無益。
過一天看一本，效率啊；
考一門過一門，實力啊；
橫批：突擊成才。

從直覺上來看，考前突擊似乎是一個事半功倍的好方法。但是直覺會欺騙我們，考試之前的突擊學習其實不是一個好主意。

不可否認，純填鴨式的突擊也能在考試中獲得高分。但倉促間填滿的大腦，就像急急被塞滿的手提箱，許多學生突擊學習後發現最後記得東西可以在大腦裡停留一會兒，但絕大部分都無影無蹤。

在創造心理學中，把長期固定於某一活動，而逐漸喪失對活動內容的敏感性的現象，稱之為「疲鈍效應」。許多學生考試之後不是回

憶不起之前學習的內容，就像是從來沒見過那些東西一樣。就是疲鈍效應在起作用。

事實上，還有一個比突擊學習更有效，它不僅能提高成績，而且能讓學生在同樣的時間內掌握更多的知識。這種方法就是「間隔學習法」。

所謂間隔學習法，就是把學習時間間隔開來安排。如果打算通過多次學習來掌握一個內容，那麼，盡可能在一次學習和下一次複習之間的時間間隔拉得長一些。舉例來說，你今天學了某一章節，那麼就不要在同一天複習它，而要讓兩次學習的時間盡可能間隔得長一些。

不相信嗎？我們可以打個比方。給你 6 小時，讓你去俘獲一個昨天剛剛認識的女孩的心，有可能嗎？

你也許會笑：「這怎麼可能？時間也太短了，兩個人連相互熟悉的時間都不夠。除非一見鍾情！」

其實，即使排除一見鍾情的情況，你也有辦法成功。關鍵在於你如何利用這 6 個小時。如果你抽出一天專門用來談戀愛，賴在她那兒不走，突擊 6 個小時，會怎麼呢？就算你嘴巴再厲害，魅力再大，對方恐怕也沒辦法接受你，甚至覺得你是神經病。

可是如果你把這 6 小時，分散在 6 個月裡，每週去和女孩子接觸幾次，開始時可以時間很短，甚至只是打個招呼。等熟悉起來以後，每次聊天 5 分鐘或者 10 分鐘。時機成熟的時候，進行最後的真情告白，大約是半個鐘。假如你的魅力不是很差，成功的機會難道不是很大嗎？

把這樣的方法運用到學習上，就是「間隔學習法」。

有研究者發現，學生在學習詞彙時，如果使用一大疊詞彙抽認卡，效果會比使用一小疊更加有效。這與很多老師所建議的恰恰相反，但是卻更有效。因為卡片數越多，學生用來複習的時間越長越有更多的間隔學習時間。

當我們腦袋像手提箱一樣，被仔細而又循序漸進地裝載時，它能記住所裝的內容很長一段時間。今晚學一個小時，週末學一個小時，下周再這麼重複一次：我們把這個稱為間隔學習，在不要求學生付出更多努力的情況下，能在日後更容易的回憶起今天所學。

沒人能明確指出這背後的原因。有可能是在複習時，大腦會在加深理解前，先重學一遍之前已吸收的知識，這也是自我加深印象的過程。美國心理學家納特‧科內爾（Nate Kornell）指出：

也就是說遺忘是學習之友，當你忘記一些東西時，我們就有機會能再學一下，下次你再見到曾遺忘的知識，你還會卓有效率的加深印象。

間隔學習法是一種非常有效的學習方法。它使學生有時間來遺忘知識。不要害怕遺忘，因為遺忘是學習的朋友。但是從感覺上，遺忘會使學生覺得好像沒有學習，這使得人們感到學習沒有成效。不過這種直覺是錯誤的。

在認知心理學中，當學習的材料發生了顯著遺忘後再進行複習，

學習者因為發現了遺忘的內容，就能激起複習的動機，他不再把複習看成是多餘的事，就在複習中加強了努力和注意。

在這樣的複習中，學習者還能發現造成遺忘的原因，如新獲得的知識模糊不清，未充分分化，不穩固等，於是就在複習時想方設法加強薄弱的部分。因此，把它稱為遺忘的「免疫效應」。

在抽認卡片的實驗中，一組參與者原來認為他們一天學習一小疊抽認卡片時，學到的詞彙會更多。但是結果表明，他們大錯特錯了。間隔學習法能夠有效彌補學生在學習時間上的不足，使他們在有限的時間內掌握最多的知識。

不要相信直覺，要相信證據。直覺上，「大躍進」式的突擊的效果會好一些，但這種直覺也是錯誤的。

# 26 祖母原則：
## 孩子不主動寫作業怎麼辦？

孩子上了學以後，寫作業也就成了他和父母的共同任務。有些孩子不僅寫之前提醒催促，做完作業都要大人檢查一遍，稍一放手就不知道做什麼了，成績也急劇下跌。反覆上這麼幾次，父母就再也不敢放手了。

學習不主動是孩子的通病，也是多數父母和老師最頭疼的事情。管吧，沒多大效果，孩子只是撥一撥動一動，再說大人也確實沒有那麼多時間和精力；不管吧，孩子更不學，成績急劇下降是意料之中的事情。

家長到底怎麼做孩子才會主動做作業呢？——這也是個老生常談的話題。

父母在試圖改變孩子之前，應當先問問自己為什麼要去改變孩子，正在用什麼態度去教育孩子，以及是否有這個能力。

根據本古里昂大學學者艾迪特‧卡茨（Dr. Idit Katz）博士和阿維‧卡普蘭（Dr. Avi Kaplan）所做的一項研究顯示，父母如果想通過提升孩子完成學校作業的主動性，首先要改變他們自身的態度和行為。

這篇發表在《學習與個體差異》學術雜誌上的文章指出，如果父母持着積極和支持的態度，告訴孩子們學習是因為知識本身的價值，而不是一味的關注作業或者分數，那麼孩子的學習主動性就會有所提高。

家長可以通過讓孩子們自主完成學習任務，並且讓孩子們感覺到無論在任何課程上取得成功，都會受到關愛和尊重的，這樣可以增加孩子完成任務的信心和成就感。

明代「心學」大師王陽明所說「立志者，為學之心也；為學者，

立志之事也」，講的就是這個道理。如果意識不到知識本身的價值，就會「譬如一塊死肉，打也不知痛癢，恐終不濟事。」

孩子上了學以後，一般不再需要別人的嘮叨，因為他對嘮叨已經毫無感覺了。對父母來說，關鍵是要放手，讓孩子自己處理學習的事情，自己對自己的學習負責。開始時，孩子的成績可能會受到一些影響，但這是暫時的，為了孩子的未來，這樣的代價是值得的。要想讓孩子成才，早晚要付出這個代價。

美國數學家哈里·科勒（Harry Kohler）是個博學多才的人，他精通數學，通曉物理、天文，還是一位出色的教育家。他會借書給學生看，先讓其自學，不懂可以問，解答時他也只是稍微提示一下。對於為什麼這樣做，他解釋說：

教育學生就如同牧童放牛，我們不能像那些無知的牧童，只憑性子硬牽着牛的鼻子走路，我們要學習那些有經驗的農民，他們牽牛時，只到拐彎的地方才抖動一下韁繩。……我從來不像有的人餵孩子一樣，一灌一個飽，也不將食物嚼爛了餵給孩子吃，我只是引起他吃東西的興趣，讓他自己摸索着走，就像牽牛一樣，到拐彎處才給它指引一下。

培養孩子的主動性，比每次寫出正確答案更重要。要讓孩子懂得自己對自己負責，為自己的懶惰行為付出代價，更要讓他在主動進取中獲得成功的快樂，否則孩子永遠長不大。

很多孩子不願意主動做作業，最大的原因是他有更喜歡的活動。往往是人在書桌前，心早就飛到院子裡或者電視節目上，這種心理狀態下，他自然會消極怠工。德國明斯特大學的心理學家恩貝爾丁說：「當你遇見感覺不好的事情，當然你會想辦法拖延。打個比方說，為什麼小孩要做作業呢？那些事情不是與生俱來的。和做作業相比較，很多其他事要他去做呢。」

針對這種情況，可以採取心理學的「普雷馬克原理」，制定提高孩子做作業主動性的策略。

普雷馬克原理，是行為主義學派的一個術語，是由心理學家普雷馬克（D. Premack）於 1965 年提出的，是指利用個體的高頻行為（喜歡的行為）有效強化低頻行為（不喜歡的行為）的學習原則。

普雷馬克做了一個實驗，他讓孩子們從兩種活動中選擇一種：其一是玩彈球遊戲機；其二是吃糖果。當然一些孩子選擇了前者，一些孩子選擇了後者。

不過有趣的是，對於更喜歡糖果的孩子，若將吃糖果作為強化物，便可以增加其玩彈球遊戲機的頻率；相反，對於更喜歡玩彈球遊戲機的孩子，若以玩彈球遊戲機作為強化物，便可提高其吃糖果的量。

由此可見，比較喜歡的活動可以用來強化不太喜歡的活動。由於祖母對付孫子常用這種方法，比如，「吃了這些蔬菜就讓你吃肉」，所以又被稱為「祖母原則」。

利用這個原則，實際上就是給孩子製造「目標傾斜」：在學習的

前方安排快樂的報酬，在接近目標之前的時刻，學習效率曲線會顯著地上升。運用這個原理，可以把孩子的作業時間，定在他出去玩或者看動畫片前：「做完作業後，讓你看一個小時的電視」。這樣，即使作業量多，他也會主動去高質量地完成。

兒子邊寫作業邊看電視，母親批評道：「你知道做錯了嗎？」

兒子十分誠懇地點了點頭：「知道了，下回我要先看電視，再做作業。一心不能二用。」

母親說：「不，我看要反過來更好。」

這雖然是個笑話，卻也充分利用了祖母原則。

如果時間安排上有問題，也可以讓孩子先玩或者看電視，然後再做作業。這時，他不會再為其他活動吸引，做作業的主動性也就提高了。在美國流行的「好好玩耍，好好學習」的模式，就是讓孩子自主擬訂遊戲與讀書計劃。據報道，孩子擬訂的計劃，幾乎都是先玩再做作業。

另外，在做作業的過程中，也應先把不喜歡、學得不好的那個科目的作業最先來做，這樣既促進了這個低頻活動的發生，避免拖拉的行為和恐懼心理，實現「弱科補短」，又能促進優勢科目的發展。

除了利用孩子本身喜歡的活動，父母還可以嘗試在孩子做作業的前面主動加入一些孩子喜歡的東西，比如可以準備一些美味的食品，使孩子有所期待。

# 27 橡皮綜合症：
## 孩子寫作業馬虎怎麼辦？

有一位朋友向我抱怨說，他的女兒上課認真聽講，回到家也會主動寫作業，但卻是一個馬虎大王，做功課很容易出錯。每次寫完後檢查出錯，只好擦掉重寫，有時錯得太多或者太不工整，甚至把本子擦破了，所以寫作業花的時間也比較長，而且考試成績也忽高忽低。

這位朋友為此很苦惱，不知對她的這種馬虎勁有什麼對症下藥的辦法。

做功課馬虎，可以說是孩子的一個通病。原因可能有以下幾個方面：性格不拘小節辦事粗心、知識掌握不紮實、對學到的知識練習不夠等等。

面對馬虎的這個問題，僅僅靠提醒孩子「多注意、仔細一些」，是無濟於事的。靠懲罰來讓孩子杜絕「馬虎」，更有可能適得其反，造成其他的問題。

孩子馬虎犯了錯，有錯改錯就好了，不必太計較。

對於低年級的孩子來說，知識結構尚未形成，思維定勢也不明顯，作業出錯的偶然性和隨意性很大。簡單的一道 3X4 得幾，成人可能張口就來，但是孩子卻可能出錯，因為他還沒形成對這個知識的自動反應。父母看到很容易的題目都做錯了，就簡單歸結為粗心和不用功，甚至小題大做批評一通。

這樣做，主觀上想引起孩子注意，克服粗心大意，但卻會好心辦壞事。因為孩子是從父母的「眼睛」來評價自己的，如果過於渲染馬虎的嚴重性，客觀上不僅不能解決問題，還會強化孩子內疚和恐懼，

甚至形成自我否定的心態。

有些孩子做作業時勇往直前，義無反顧，根本沒有檢查的概念，因此從來不會主動發現錯誤。他把檢查工作都留給家長和老師，一旦查出錯誤他才改。對這樣的孩子，可以要求他放慢寫作業的速度，要求他必須自己檢查，而且不是做完通盤檢查，而是做一道檢查一道，確信沒錯再做下一道。

父母要允許孩子的作業出現錯誤，即使發現孩子的作業有問題，也不要馬上替他更正。如果孩子交上去的作業每次都是對的，老師很可能認為，你的孩子已經掌握了這一部分，可以繼續向前學習新的東西；而如果整個班都在往前學，而你的孩子以前的東西還沒弄懂，那麼錯誤只能是改不勝改。

相反，如果讓他把帶錯的作業交上去，也正好實施一次「自然懲罰法」，讓他記住教訓。

在日常生活中，要幫助孩子克服「橡皮綜合症」——寫作業喜歡使用橡皮改錯，不停地擦來擦去的習慣。

日本著名教育學家系川英夫，曾將 300 名學生分成兩組。一組可以使用橡皮塗改作業中的錯誤，另一組只許在錯誤處用紅筆打個「×」。結果人們驚奇地發現，使用橡皮的那組學生，在作業相同的情況下，其差錯出現的幾率比後一組高出 30%。

系川英夫認為，在學習過程中，學生很容易為新異、醒目的刺激所吸引。用紅筆給錯誤打上「×」，把犯錯誤的教訓保留下來，對幫

助學生汲取教訓是十分有益的。如果再讓學生在錯誤旁邊寫上正確的內容，使其進行正和誤的鮮明對比，則又能進一步幫助學生用正確知識去改正錯誤。

這種「不用橡皮法」對強化記憶和理解作用顯著，而並非提倡「馬虎」，有時使用橡皮也是必要的。提出「不用橡皮學習法」，是為了幫助同學主動戰勝錯誤。

內地有一位著名教育工作者叫詹文玲，在山西通寶學校當校長時，就曾對全校學生有個要求，就是學生一律不准用橡皮，孩子剛開始不適應，經常把本子弄個大花臉，後來慢慢習慣了。

因為不能用橡皮，結果就逼著孩子們一下筆寫作業就必須認真工整，寫作業非常專心。錯誤率大大下降，孩子反而養成了認真的習慣，對自己也有了足夠的信心。

要鼓勵孩子在家做作業時盡量少用橡皮甚至不用橡皮，如果作業本保持清潔、在一定時間內迅速準確地寫好字，就有一定獎勵。經過一段時間的強化訓練，孩子不再依戀橡皮，馬虎的習慣會逐漸得到糾正。

# 28 遺忘曲線：
## 怎樣幫孩子安排複習時間？

無論是學校教育也好，家庭教育也好，孩子學到了知識，只是學習的開始。如果孩子在學習後，從來不去複習學過的內容，無論花了多少時間，也無論老師的水平有多高，學了也等於沒學。

　　記憶是大腦皮層形成暫時神經聯繫的過程，建立起來的神經通路如果不暢通，則原來大腦中保留的痕跡就會逐漸消失，而複習就是對大腦中的痕跡進行再刺激，及時複習就是在第一次痕跡未完全消失時，緊接着進行第二次、第三次重複刺激。重複刺激次數越多，痕跡越深；重複越及時，費時越少，費力越小，記憶效果越好。

　　孩子要複習，首先要學會安排複習的順序和時間。而要合理安排，就需要對記憶和遺忘規律有所瞭解。在這些規律當中，最重要也是應用最廣泛的，當數艾賓浩斯遺忘曲線。

　　德國心理學家艾賓浩斯研究發現，遺忘在學習之後立即開始，而且遺忘的進程並不是均衡的。根據他的實驗結果繪成的描述遺忘進程的曲線，就是「艾賓浩斯遺忘曲線」。

### 遺忘規律表

| 時間間隔 | 保持的百分比 | 遺忘的百分比 |
| --- | --- | --- |
| 20 分鐘 | 58% | 42% |
| 1 小時 | 44% | 56% |
| 8 小時 | 36% | 64% |

| 時間間隔 | 保持的百分比 | 遺忘的百分比 |
| --- | --- | --- |
| 1 天 | 34% | 66% |
| 2 天 | 28% | 72% |
| 6 天 | 25% | 75% |
| 31 天 | 21% | 79% |

從上面的表格我們可以發現：遺忘速度受時間間隔影響；遺忘的速度是先快後慢。

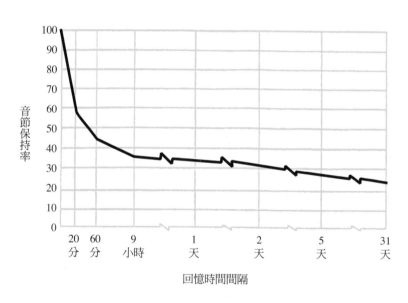

有人做過一個實驗，兩組學生學習一篇課文，甲組在學習後不久進行一次複習，乙組不予複習。一天後甲組對課文記憶保持 98%，乙組保持 56%； 一周後甲組保持 83%，乙組保持 33%。乙組的遺忘平均值比甲組高。

　　這個實驗告訴我們，在學習中的遺忘是有規律的，遺忘的進程不是均衡的，而是在記憶的最初階段遺忘的速度最快，後來就逐漸減慢，到了相當長的時間後，幾乎就不再遺忘了，這就是遺忘的發展規律，即「先快後慢」的原則。

　　艾賓浩斯遺忘曲線告訴我們，遺忘的規律是先快後慢。中間隔的時間越長，你忘的就越多，特別是識記後 48 小時左右，如果不經再記憶，遺忘率則高達 72%，所以不能認為隔幾小時與隔幾天複習是一回事。

　　根據加州大學洛杉磯分校（UCLA）「學習和記憶實驗室」傑出的心理學教授羅伯特‧比約克（Robert Bjork）的最新研究，又有了一個有趣的發現：如果學了之後，隔一段時間再學，這時候隔的時間越長，複習的時候你學到的東西就越多。把記憶和遺忘都當成朋友，充分處理好兩者的關係，就能取得更好的學習效果。

　　比約克表示：「當我們從記憶中提取信息的時候，我們做的不只是說它在那裡就行了。記憶不僅僅是回放。我們這次取出來的東西，下次要取的話，取起來就會變得更容易。我們每次取的過程越難、涉及的東西越多，整個記憶就越有效。」

所以，從學完到你開始複習的最佳時間，應該是你剛剛好要開始忘記的時候。 這樣，越是拚命地回憶之前學過的東西，複習的效果就會越好。如果學完之後馬上複習，就沒有這個效果了。

　　根據這個研究，比約克建議說，筆記最好下課之後才開始記，以強迫自己回憶課上講過的東西；而不是在課堂上記，黑板上有啥抄啥。必須下苦功才行。花的工夫越多，學到的就越多。

　　怎麼樣，是不是顛覆了我們以前的一些認識呢？想嘗試一下效果嗎？ OK，扣上書，在紙上憑回憶寫下本節的主要內容吧！

# 29 感官協同效應：
## 怎樣學習才能事半功倍？

宋代的大學者朱熹，曾經：「讀書有三到，謂心到、眼到、口到。心不在此，則眼看既不仔細，心眼既不專一，卻只漫浪誦讀，決不能記，記亦不能久也。」

這個方法被後人總結為「三到」讀書法，現代心理學研究表明，這種方法實質上是利用了「感官協同效應」，也就是在學習時盡量多使用幾種感官——用眼、用口又用手，它對學習是很有效的。

「感官協同效應」是指人們在收集信息的時候，參與的感官越多，所得到的信息就越豐富，所掌握的知識也就越紮實。也就是說，多種感覺器官一齊上陣，能夠提高感知的效果。

美國心理學家格斯塔做過一個實驗。他把智商相近的 10 個學生分為兩組，讓他們學習《聖經》的一些段落。不過，第一組所在的屋裡只有 5 張椅子和 5 本《聖經》；第二組除 5 本《聖經》外，還有幾本宗教故事畫集，並播放宗教音樂。

然後，格斯塔要求兩組被試者都背誦《聖經》，結果發現第二組成績優於第一組。

研究發現，人的器官在獲取知識時的識記比重是：視覺佔 83%，聽覺佔 11%，嗅覺佔 3.5%，觸覺佔 1.5%，味覺佔 1%。獲取知識後的遺忘率是，只聽不看的三小時後為 30%，三天後為 90%；只看不聽的，三小時後為 28%，三天後為 80%；邊聽邊看的，三小時後為 15%，三天後為 35%。

由此，我們可以推算出有關器官對記憶的作用，隨着時間的推移，

口唸的記憶在 10%，耳聽的記憶在 20%，眼看的記憶在 30%，耳眼結合的記憶是 50%，耳眼口結合的記憶是 70%，如果眼耳口手同時使用的記憶可達 90%。

華盛頓大學的心理學教授維吉尼亞·貝爾寧格解釋，手寫不同於打字，因為人們必須一筆一畫地寫出字母，而不是簡單地按着鍵盤，敲出整個字母。手寫時，手指運動刺激了大腦的大部分領域，包括控制思考，記憶和語言這幾個區域。手寫幫助孩子學習單詞及記住其的形狀，有利於他們思維的形成，並且有可能會發展他們小肌肉運動技能 。

貝爾寧格的研究發現， 二年級、四年級以及六年級的孩子，與打字相比，他們手寫能記憶的單詞量更大，學習速度更快，並能表達更複雜的思想。

由此可見，在學習過程中，各種有關器官協同作用，全力以赴去識記知識，就可能獲得大量和穩固的知識信息。如學習外語單詞和陌生的漢字，聽說讀寫全面練習，看字形，聽字音，動手寫，動口唸，還要腦筋，即便時間長了，某一聯繫中斷，還可以通過其他聯繫將遺忘的知識尋找回來，可謂是事半功倍。

這其實就是感官協同效應的作用。耳到、眼到、口到、手到、心到，多種感覺器官並用，多個身體部位參與，自然就加強了大腦不同部位參與學習的主動性，大腦處理信息的能力也會有所加強。

在上面所描述的實驗中，第二組學生使用了兩種感官——視覺和

聽覺。眼睛看着，耳裡聽着，就比單純用眼睛看學得更快。當今的視聽教學，也是利用感官協同原理，把聲音與畫面、生動形象與情緒感染相結合，從而使孩子獲得更好的學習效果。

總之，父母要讓孩子明白，學習時只有耳朵、眼睛、嘴巴、手、心配合起來，充分利用感官協同效應，才能產生事半功倍的學習效果。

# 30 高原現象：
## 孩子學習成績為什麼時好時壞？

很多孩子在學習過程中常會有這樣一個階段，即努力學習到一定程度後，成績停滯不前甚至倒退。這時，孩子往往不知所措，父母則煩心焦急、責怪有加，總怪孩子沒用功。

孩子的成績好壞，是受哪些因素影響的呢？當然每個孩子都會有天分上的差異，但是縱向地來看，這可能並不是孩子不努力，而是遇到了「高原現象」。

「高原現象」是一個比喻，實際上，它是指教育心理學中的動作技能學習曲線的呈現形態。如果以時間為 X 軸，學習效果為 Y 軸，將學習者學習時所花的時間和取得的效果連成一條線，我們能從該線條中看出來兩點：

第一，學習者所花時間、精力與學習效果有關係，而且基本呈正相關關係，也就是説，花的時間和精力越多，學習效果就越好；第二，很多時候，時間和學習效果這兩者之間的關係，不會呈現規律變化。

也就是説，學習者開始學習時，進步快，收效大，曲線斜率也較大，但緊接着會有一個明顯的、長短不定的接近水平的波浪線，再往後，又會出現斜率較大的曲線。

這條呈現學習效率與所花時間、精力之間關係的曲線，常被比喻為學習的「高原現象」，而中間呈相對水平狀態的那段波浪線，常被比喻為學習的「高原時期」。

高原現象是客觀存在的，但走出高原時期以後，孩子的學習效率和學習成績是還會提高的，因此，高原現象並不意味着學習到了極限、

成績到了極限。

　　孩子在學習一個新領域的知識時，常常會經歷四個階段：1. 開始：學習瞭解新知識，因為一點兒也不懂，所以學習比較費力，進步慢，效率不高；2. 進步：初步掌握了學習規律和方法後，學習的興趣逐漸濃厚，學習成績也明顯提高，信心開始足起來；3. 高原：學習進一步深入，遇到了學習難點，進步開始緩慢，即使費了較大工夫，成績提高仍不明顯，甚至停滯不前或倒退；4. 再進步：孩子堅持學習，不斷努力，克服障礙，掌握新的學習規律和方法，成績又會逐漸提高。這是歸納出來的四個階段，也是一個螺旋上升的過程。

　　也就是說，孩子在學習某一學科或其他領域的知識時，開始能看出較明顯的效果，後來會出現繼續努力卻收效不大的情況。學習成績原地踏步，或者進步緩慢，甚至會出現一會兒退步、一會兒進步的情

況。這是正常現象，在學習每一種新知識時都會發生，在各個年齡段的孩子身上都會出現。

這種現象和學習者的年齡、學習內容、心理品質等諸多因素都有關係，而且會循環出現。有時持續時間短，有時持續時間長。小學好些，初中次之，到了高中階段，就比較明顯。

克服「高原現象」，最核心的策略是要改進學習方法。

要反思在學習中哪些習慣、哪些方法是有效的，是可以繼續保持的；哪些習慣是有害的，必須克服和改進。比如，有的孩子不太願意複習所學內容而是將學過的知識拋諸腦後，遇到問題不是先獨立思考而是急於問別人，對做過的練習不注意分析和總結，等等，這些做法都會影響學習。

其次要放鬆心情，平常心對待成績的起起伏伏。如果因為精神緊張而休息不好，則精神無法集中，思維能力下降。長此以往，學習效率就會明顯下降，「高原現象」就會持續較長的時間。

家長千萬不要過分緊張，不要因為怕打擾孩子而處處小心翼翼，這樣會讓孩子更壓抑、緊張，不利於孩子情緒放鬆。

# 第四部分

# 怎樣說孩子才會聽

生活中，經常會見到這樣的情景：父母帶着孩子外出，一言不合，父母馬上大聲訓斥，有些孩子逆反心理強，乾脆就在大庭廣眾之下哭鬧。

接下來，媽媽情緒激動起來，用尖銳的聲音屬斥大聲哭鬧的孩子。結果是，她愈是歇斯底裡，孩子將以更大的哭鬧作為回報。最後，父親只能強拉硬拽地把孩子帶走⋯⋯

這樣的教育效果，我們不用細想就已經知道了。

其實，父母在與孩子溝通的過程中，低聲的談話方式比高聲的談話方式有更好的説服效果。

《聖經》上有這樣一句話：「沉穩的回答能夠平抑瘋狂的憤怒。」在西方，有一套被稱作 K.I.C.K. 管教原則，不妨在家庭教育中試一試，就是在管教孩子的時候，務必要心平氣和（Kind）、立即（Immediate）、一致（Consistent），然後又是心平氣和（Kind）。

之所以強調心平氣和，是要讓孩子知道，他不是因為大人的憤怒而受罰，而是因為違反了規則。懲罰一旦變成了大人情緒的發洩的威嚴的展示，就失去了它本來的意義。

另外，從教育效果上來看，在和孩子對話時，父母低聲很容易使得孩子心情平靜，而父母高聲斥責，也容易導致孩子情緒波動，高聲抗拒。中國有一句話説：不怕紅臉關公，就怕抿嘴菩薩，説的就是這個道理。

美國某大學的語言研究班曾與美國海軍合作，研究在軍事行動中

一項指令的下達應該以多大聲音發出最合適。實驗者通過電話、艦船上的傳聲管，向接收者發出各種分貝的聲音，結果表明：發送者的聲音越高，接收者回答的聲音越高；發送者的聲音越低，接收者回答的聲音越低。

而美國耶魯大學的一位心理學家曾經研究過「與談話者講述某一事項時的最佳談話方式」，他的調查結果表明：沉穩型的講課方式和雄辯型、演說型的講課方式相比，前者能夠讓學生對講義達到更大程度的理解。

在對孩子進行批評教育的時候，聲音和語調一定要比平常說話聲低。

首先，這種方式意味着父母能夠突破孩子哭鬧的感性圍牆。可以先發制人，不讓孩子使用高聲調。生活中常看到有的家長高聲責罵孩子，孩子反抗的聲音也不低，雙方情緒越來越激動，最後惹得家長一肚子氣，孩子也不服輸。而使用低於平時的語調，可以讓孩子感覺，這是一種不同尋常的嚴肅態度。

其次，低音調促使孩子集中精神、全神貫注，可以轉移他的注意力、忘記自己的哭鬧。父母低聲講話時，孩子必須集中精神才能聽清，即使他在主觀上並沒打算認真聽，但由於條件反射的聽覺動作，他還是會不自覺地捕捉父母談話的內容。

第三，使用較低的聲音似乎在強調沒有第三者介入，只是親子之間的「私人聲音」，拉近了與孩子的距離。若大聲訓斥，會一下子讓

孩子處於尷尬處境，即使有的孩子想承認錯誤，想放棄不恰當的行為，也沒台階可下。所以家長越訓斥，孩子越會堅持自己的要求。

如果面對孩子的行為實在怒不可遏，那麼就應該馬上離開問題現場。一邊提醒自己一邊調整呼吸。等冷靜下來再慢慢考慮，應該如何與孩子溝通。

綜上所述，「有理不在聲高」，K.I.C.K. 原則是家庭教育中一種藝術化的方式。家長要想使孩子接受你的意見，就要學會克制情緒，把溝通的音調降低。

# 32 歐弗斯托原則：
## 怎樣有效地說服孩子？

很多家長都抱怨自己的孩子太固執，戒備心太強，用什麼方法也說服不了他！其實，他們可以試一試「歐弗斯托原則」。

這個原則是英國心理學家歐弗斯托提出的，意思是指說服一個人的時候，開頭就讓他不反對，非常關鍵。

首先，要想讓孩子開頭就不會反對，要多聽少說，瞭解孩子的真實想法。

不要急於發表看法。如果你的孩子喜歡和大人對着幹，那麼在說服他的時候，不妨先聽孩子把他想說的話說完，然後你再發表你自己的看法。在聽的過程中，可以猜測一下孩子可能反對的動機。

如果你的猜測正確，孩子會覺得獲得了你的認同和理解，他們會講出自己心裡的想法；如果你的猜測不正確，那麼可以再運用開放式的提問方式，順着對方思路找答案。可以提出 5W1H 的開放式問題，讓孩子說出自己的想法，再順勢提出封閉式問句的提議。

比如父親問孩子：「最近你是不是經常上網？」那麼孩子的回答很可能是「是」或「不是」。如果父母問孩子：「兒子，最近網上有什麼新鮮事？」那麼孩子很可能會滔滔不絕地講起來。透過開放式問題擴展思考廣度，再用封閉式問題引誘出贊同的決定：「以後你有什麼好的網站告訴我們，我們也告訴你好的網站，互通有無，好不好？」

其次，只要有可能，就多給孩子一些選擇。以選擇題代替是非題的做法，是非常高明的溝通方式。因為它會減少正面的言語衝突，並通過把決定權交給對方的方式，讓孩子覺得受到尊重，因而會願意作

出配合的決定。

不要問：「你要不要做作業」，應該問「你是想現在做還是過五分鐘做？」「你是先做語文還是先做數學」。不要問對方想不想做、有沒有時間或者做不做，問孩子想不想做，你會得到兩個答案：想或不想；要給他一個機會選擇。

著有《說服的技術》、《超強提問力》等書的日本律師谷源誠表示，一般人通常會以「要不要……？」的問法提出要求，讓對方只有兩種選擇，被直接回絕的機率當然很高。

因此，要說服對方，必須懂得利用各種問題探詢對方意願、引導對方思路，或許就能讓對方無法說不。我們可以借用谷源誠強力推薦的四種「問題說服法」，透過提問引導孩子，讓說服力大大提升！

父母的提議會被孩子拒絕，常是因為雙方想法沒有交集，只要透過一些引導問題，激發孩子自行想像的空間，就能找出可能存在的交集，達成一致的共識。

母親：「你最近在看什麼課外書啊？」

兒子：「漫畫和推理小說……」

母親：「我給你買一本《西遊記》，你要不要看？」

兒子：「不想看！」

母親和兒子的想法沒有交集，當然會說服失敗。

如果學會了引導式提問，就完全可以馬到成功。

母親：「你還記周星馳演孫悟空的那個片子嗎？」

兒子：「你是說《大話西遊》吧？很有意思啊。」

母親：「其實電影選的只是唐僧取經的一段，還有很多更有趣的經歷，都在西遊記裡。」

兒子：「好啊。你給我買一本吧！」

這就是通過透過誘導對方的思路，讓孩子自行引發聯想，創造雙方想法的交集與興趣，不經意間達成說服的目的。

當然，這個辦法必須有適當的使用的時間，要講究運用的策略。孩子正在看電視看到熱鬧處，你突然問他你打算什麼時候寫作業，自然會碰一鼻子灰，所以使用二選一的法則是要講究時機和順序的。

# 33 熱爐法則：
## 應該怎樣管教任性的孩子？

如果孩子在生活中違了規，就應像碰觸到了燒紅的火爐，一定會受到懲罰。

任性，可以說是現代孩子的通病，主要表現為固執、抗拒、不服從管教，老是和大人對着幹，特別倔，而且軟硬不吃。就像一匹脫韁的小野馬。

但另一方面，任性也是孩子個性發展的一個過程。對任何事情都說「不」，是許多二三歲的孩子的自然表現，我們應該理解。同樣，有時孩子的任性只是因為理解問題，並沒有與大人作對的意圖，這時候要運用最大限度的判斷力，來決定哪種行為是任性固執的有意傷害，哪種行為是自然行為。

但是如果到了上學的年齡還任性，就是一件棘手的事情。從心理學角度來看，學齡兒童任性，是個性偏執、意志薄弱和缺乏自我約束能力的表現，如果得不到糾正的話，會導致無法正確認識和判斷事物，個性固執不明事理，難以適應環境，不被別人接受而陷入孤獨，經不起生活的考驗和挫折。

但孩子的任性心理不是天生的，而是家長不加約束的放縱教育的結果。法國教育家盧梭在《愛彌兒》中指出：「知道用什麼辦法能使你的孩子得到痛苦嗎？這個方法就是：百依百順。」這話很值得我們反思！

所以，糾正問題的第一步，就是承認我們的培養方法可能是使孩子任性的原因。只有改變它們，才能幫助孩子行為得體。

在一個故事中，兒子問父親：「我長到什麼時候才可以隨心所欲呀？」

父親的回答很巧妙：「我不知道。不過，孩子，世上還沒有人能活那麼長。」

沒有人能夠活到隨心所欲的年齡，即使是聖人孔子到了七十歲，也要在「從心所欲」的後面加上「不逾矩」，也就是不違反規則。所以要建立適當的規則讓他遵守。

有句俗話說：「沒有規矩，不成方圓。」規則能讓孩子知道具體應該怎麼做，是孩子未來行為模式的基礎，所以要制定清楚的規則和懲罰細則，如果不守規矩必須接受懲罰。一旦規則嚴格確立，大多數孩子會遵守。

制定規則的目的，是希望培育出一個快樂、適應性強和尊重規則的孩子。最初的規則應該是阻止孩子傷害他自己和別人，教孩子明白最基本的對錯。

讓孩子知道你對他的期待，而且他的表現達不到期望時會有懲罰，是一件好事。根據專家觀察，孩子們經常操練自律──換句話說，那些對自己的表現不滿意的孩子──在學習上能取得更好的成績。

當孩子能識字後，可以把規則寫在紙上並貼在家裡，這是讓孩子明白，規則不僅僅是一種制度，而且是體現公平合理的好方式。

父母應當考慮什麼違反行為是懲罰底線，一旦違反規則就實施。

在西方管理學中有一個「熱爐法則」，可以應用到家庭教育中：如果孩子在生活中違了規，就應像碰觸到了燒紅的火爐，一定會受到懲罰。

這種處罰的特點在於：（1）即刻性：當人一碰到火爐時，立即就會被燙。（2）預先示警性：火爐是燒紅擺在那裡的，每個人都知道如果碰觸就會被燙。（3）火爐對人不分貴賤親疏，一律平等。（4）徹底性：火爐燙人絕對「說到做到」，不是嚇唬人的。

規則不是只面向孩子的，同時也是對大人的約束，而且懲罰應該是對事不對人的。當孩子向你發脾氣或撒嬌時，想始終如一堅持規則確實很難，但是只有堅持，孩子才會明白你對他的期待。

針對如何讓孩子遵守規則，宋代大儒張載曾經有一個很幽默的比喻：「如果你養了一條狗，不想讓狗進屋子，它一進屋子你就拿棍子打。可是你又經常在屋子裡餵狗吃東西，狗又怎麼能知道進屋對不對呢？即使天天打，恐怕也不能讓狗懂得這個規矩。狗尚且如此，何況是孩子呢？」

當孩子有做不到的時候，家長必須堅決，不許拖拉和討價還價，孩子做到了就給予誇獎。這樣才能促使孩子的自我管理能力和主動性得到發展。但是，要避免用做家務當作一種懲罰。作為家庭成員之一，孩子做家務是應該做的，不能當作懲罰手段。

對孩子要少用威脅，但要至始至終貫徹規則。如果他沒有及時清理自己的房間，你可能先是警告他不許吃晚飯，但是當你讓步而讓他吃飯時，就向他發出了一個信息，你說話不算數。如果你不準備真的

懲罰他，那你最好不要威脅他，因為不可信的威脅會破壞規則的執行。

美國有一則公益廣告，內容是父母如何幫助孩子拒絕抽煙和接觸毒品。廣告中，一位母親告誡兒子：「你現在該做作業了，不能看電視！」同時她拿走了遙控器；說「你現在不能玩電子遊戲！」同時她關掉了遊戲機，等等一連串的類似場景。

每一次，母親都嚴格地維護了規則，最後，當這個孩子和一群孩子在一起有人給他一根煙時，他堅決地搖頭：不！我不喜歡抽煙。這時畫外音響起：說一不二，孩子會聽從。

這則廣告告訴家長，制定規則，並嚴格執行規則，會起到事半功倍的效果。要想讓孩子遵守規則，你要用行動，而不是衝着孩子吼叫或斥罵，也不是空洞的威脅。按喇叭無法駕駛汽車，怒吼也無法「駕駛」孩子。憤怒只會讓你精疲力竭，對孩子產生的作用很小，甚至一點作用也沒有。

在懲罰孩子時，其他家庭成員切不可當着孩子的面，表現出不同的意見或做法，即使是對的意見也要事後說明。否則的話，不但會使對孩子的教育效果相互抵消，還會令父母喪失權威。

# 34 赫洛克效應：
## 表揚和批評哪個更管用？

及時對孩子的學習結果進行評價，能促進孩子的學習動機。適當表揚的效果明顯比批評好，而批評比不予任何評價的好。

近一段時間，美國耶魯大學法學教授、自稱「虎媽」的蔡美兒（Amy Chua）的「懲罰式教養」受到不少中國家長的推崇。這種育兒方式包括罵女兒垃圾、要求每科成績拿 A、不准看電視、琴練不好就不准吃飯等。她還寫了一本書，叫做《我在美國做媽媽：耶魯法學院教授的育兒經》。

風頭之下，「懲罰式教養」開始進入不少家庭，甚至被當成最直接有效的辦法。更何況，還有「耶魯」、「哈佛」之類的光環罩着，更讓一些望子成龍望女成鳳的父母趨之若鶩，似乎不如此就對不起孩子似的。

研究證明，只有當孩子尊重其父母的權威，他們的行為就會更好。而專制型父母雖然看似在孩子面前也有權威，但是這種權威卻並不是建立在尊重的基礎上的。請記住德國心理學家黑爾加‧吉爾特勒的告誡：「如果您放棄權力，放棄您的優越感，那麼您得到孩子的信任和尊敬的機會就更大。」

「懲罰式」的教育，不僅不會得到孩子的尊重，更會嚴重打擊孩子的自信心，影響他對自己的認識，很可能教出問題孩子。

古代的哲人荀子說：不教而誅，則刑繁而邪不勝；教而不誅，則奸民不懲。誅而不賞，則勤勵之民不勸；誅賞而不類，則下疑、俗儉

而百姓不一。

如果我們把這句話的對象換成孩子，那麼就幾乎是一篇賞罰經典：如果不加以反饋和教育就進行懲罰，那麼就會罰不勝罰，但是孩子的壞習慣仍然不能克服；只說服教育而不進行懲罰，那麼孩子就不會受到警告而吸取教訓；只進行懲罰而不實行獎賞，那麼孩子的好習慣就不能受到鼓勵；懲罰獎賞如果沒有原則，那麼孩子就會無所是從。

表揚激勵和懲罰批評，都有其合理之處。表揚是正面激勵，批評是負面激勵。「懲罰式教養」認為，只有不斷指出別人的缺點，才能促進孩子全面發展。但這是一種消極的「強化」，使用過多會使孩子產生焦慮、自卑，學習興趣降低、逃避以至完全喪失信心。

心理學家赫洛克（E. B. Hurlook）曾於 1925 年做過一個實驗，他把 106 名四、五年級的學生分為四個組，各組內的能力相當，在四種不同的情況下進行難度相等的加法練習，每天 15 分鐘，練習 5 天。

控制組單獨練習，不給任何評定，而且與其他三個組學生隔離。受表揚組、受訓斥組和靜聽組在一起練習，每次練習之後，不管成績如何，受表揚組始終受到表揚和鼓勵，受訓斥組都受到批評和指責，靜聽組則不給予任何評定，只靜聽其他兩組受到表揚或批評。然後探討不同的獎懲後果對學習成績的影響。

結果如下頁圖所示。

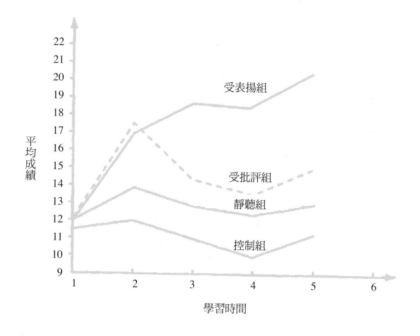

從學習的平均成績來看，三個實驗組的成績優於控制組，這是因為控制組未受到任何信息作用。靜聽組雖然未受到直接的評定，但與受表揚組和受訓斥組在一起，受到間接的評定，所以對動機的喚醒程度較低，平均成績劣於受訓斥組。受表揚組的成績優於其他組，而且一直不斷地直線上升。

這表明，對學習結果進行評價，能激發學生的學習動機，對學習有促進作用；適當表揚的效果優於批評。古人說：數子十過，不如獎子一功。所說的就是這個道理。

每個孩子都有潛力取得非凡的成就，而他能否成功，也許就取決於你能不能像對待非凡的天才一樣激勵和期望他，以及他如何來看待這種期望和讚美。從心理學的研究結果看，當獎勵與懲罰的比例為5：1時往往效果最好。

　　教有定理，但教無定式。如果父母的「大拇指」得到了孩子的尊重和信任，孩子一定會比你期望的更加優秀，如果所期望的不是諾貝爾獎的話。

　　那麼如何用期望來改變孩子呢？

　　1966年，幾位神秘的客人來到美國一所鄉村小學。他們從小學一年級到六年級共選了18個班，對班裡的學生進行了「未來發展趨勢測驗」。

　　之後，他們以讚賞的口吻將一份佔總人數20%的「最有發展前途者」的名單交給了校長和任課老師，並叮囑他們一定要保密，否則會影響實驗的正確性。

　　8個月後，他們再次來到這所小學，對那18個班的學生進行複試。結果奇跡出現了：凡是上了名單的學生，個個成績都有了較大的進步，而且活潑開朗，自信心強，求知慾旺盛，更樂於和別人打交道。

　　這些神奇的預言家，就是美國著名心理學家羅森塔爾的研究團隊。最神奇的並不是他的預見力，而是那份名單上的學生，其實是從參加測試的學生中隨機挑出來的，與其他學生並沒有什麼顯著不同。

　　但預言為什麼應驗了呢？或者說這些學生為什麼真的比其他人變

得更優秀了呢？

羅森塔爾認為，這其中的原因就在於，在這 8 個月內，老師們對那些「有潛力」的學生另眼相看，在日常給以了更積極的期望和讚揚。這一心理活動通過情感、語言和行為傳染給了學生，使學生強烈地感受到來自老師的熱愛和期望，從而使各方面得到了異乎尋常的進步。

在心理學上，人們把這種由於信任和期望，使人們的行為發生與期望趨於一致的變化的情況，稱之為「羅森塔爾效應」或「期望效應」。

此後，克雷納等學者於 1978 年對 4300 名兒童進行了 4 年的縱向研究，並進行了一系列相關分析，也證明教師的期望會明顯提高學生的成績。


在美國紐約布魯克林區的 Bedford-Stuyvesant 貧民社區，有一所名為「卓越」的特許學校，那裡的 220 個孩子，全都是男孩，大部分是黑人。由於家境貧寒，超過一半學生享受免費或政府補貼的學校午餐。

在這裡，孩子們的稱呼不是「學生」，而被稱為「學者」。每間教室外都釘有一張銘牌，上面刻有老師的母校名稱和一個年份數字，比如說 2024。這個數字的意思是，這個班的孩子們 2024 年將從大學畢業。

成立三年來，「卓越」沒有辜負它的名字：在年度紐約市英語語言考試中，該校 92% 的三年級學者拿到了「良」或「優」的成績。而全紐約州達到這一成績的平均比例（四年級）是 68%，而紐約市僅有 62%。在數學方面，「卓越」學校的成績還要更好。

有一副對聯，上聯是「說你行，你就行，不行也行」，下聯是「說不行，就不行，行也不行」，是中國人用來諷刺領導在用人上搞「一言堂」的。但是結合上面的試驗細想一想，它卻又反映了生活中的一個規律：同樣水平的兩個人，如果大家都肯定一個而否定另一個，過不了多久，真的就會分出優劣。

包括孩子在內，每個人都需要成就感，都希望自己的行為能夠得到別人的尊重和賞識。期望效應正是迎合了孩子們的這種心理需要，使他們在心理上體驗到一種成功感，以及由此帶來的自信心的增強。這種積極的心理「強化」，對於孩子來說是十分重要的。

# 35 超限逆反：
## 為什麼孩子聽不進我的話？

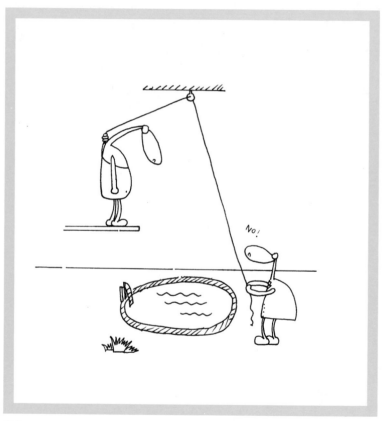

我曾經遇到過一位身為學校管理者的母親抱怨說，她的孩子正在上中學。幾乎每過一段時間，她都會給他講一些做人的道理。一開始他還聽得進去，可是時間久了，不管怎麼苦口婆心，他卻似乎充耳不聞，有時甚至表現出不耐煩的情緒。

　　這位母親困惑地問：是她的教育方法有問題，還是現在的孩子已經刀槍不入了呢？

　　聽了她的講述，我不禁啞然失笑，於是就給她講了個故事——

　　有一次，著名作家馬克‧吐溫（Mark Twain）在教堂聽牧師演講。最初，他覺得牧師講得很好，使人感動，就準備捐款，並掏出自己所有的錢。又過了 10 分鐘，牧師還沒有講完，他就有些不耐煩了，決定只捐一些零錢。又過了 10 分鐘，牧師還沒有講完，他於是決定一分錢也不捐。

　　牧師終於結束了冗長的演講，開始募捐了。馬克‧吐溫出於氣憤，不僅未捐錢，還從盤子裡偷了 2 元錢。

　　我對她說，沒有刀槍不入的孩子，只有武藝不精、招數貧乏的講者。牧師失敗的原因和她一樣，都是沒有注意到聽眾的心理飽和。

　　飽和一詞是個化學術語，把鹽往水裡扔，當鹽不再溶解時，就叫做飽和。心理飽和，則是指心理的承受力到了極限，再刺激下去會引發抗拒和逃避，也稱為「超限逆反」。

這是人出於自然本能的一種自我保護，其實是一個十分易懂的常識：任何人接受某種刺激（即使是愉快的刺激）都是有一定限度的。哪怕再美味的東西，吃多了也會撐得難受，再吃多了就會嘔吐。古希臘哲學家德謨克利特說過：「當人過度的時候，最適意的東西也會變成最不適意的東西。」

心理學家做過這樣一個試驗，在一個公共場所擺放紙和筆，如果有人能一口氣把數字從 1 寫到 300 不寫錯也不塗改，則獎勵 50 元。嘗試的人不少，但最終沒有一人能領到 50 元。

心理學家認為，參加者之所以失敗了，是因為長時間緊張地做同樣的一件事，心理產生了飽和，進入一種非常厭煩的狀態，不想或不能繼續某項任務。

一般而言，反覆雖是增強教育效果的手段，但強度過大，刺激時間過長，卻容易引起反應性質的變化。因為人天生要追求多樣和豐富，呆板單一的方式容易使人產生厭惡和反感情緒。當信號刺激達到一定程度，超過人的心理承受能力時，人就會產生逆反和抗拒。

一個孩子的媽媽是護士。有一天，媽媽叫他去洗手，小孩悲悲切切地哭了起來。做牧師的爸爸走過來問：「飯前要洗手，有什麼好哭的。」

小孩傷心地說：「你們大人總是說我看不見的東西，媽媽每天都說『細菌』，爸爸每天都說『上帝』。」

對於孩子，如果你每次都是用同一方式「澆灌」他，老是用「三板斧」敲打他，他一定會認為就是囉嗦。甚至他對你的一言一行都了如指掌，甚至你説上句他就能接出下句，自然會產生厭煩，出現「虛心接受，堅決不改」的現象。

我們當然也要正確看待孩子的心理飽和現象，一方面理解他們，另一方面也要教孩子學會自我控制和調節，共同建立一種張弛有度的節奏。這也是對孩子進行心理疏導的一種方式。

那麼，具體應該怎樣做呢？現在的孩子興趣廣泛，你可以試一試下面的幾種方法：

首先，在教育的內容上盡量豐富，可以運用多媒體，比如動畫、圖片、音樂等，注意孩子的情緒和反應，避免「死板」和「老套」的教育模式。所謂「隨風潛入夜，潤物細無聲」，不經意處見匠心，自然能夠讓孩子感受到你的關注與鼓勵。

其次，如果你平時習慣了喋喋不休地對孩子説話，那麼適當地反過來試試無聲的技巧。溝通中並不是必須有聲進行，有時無聲的靜場反而會產生意想之外的奇效。

心理學上的「剝奪感覺」的實驗表明，人們在日常生活中漫不經心地接受的各種刺激，以及由此而形成的各種感覺是很重要的。如果沒有刺激或感覺，那麼人們會感到難以忍受的痛苦，即使刺激量減少，也會使人產生焦慮。而無聲的就是用減少刺激量，來達到使對方注意的目的。

某學校有一個學生常常缺課去打康樂球，有人把狀告到了校長那兒。於是，這位校長就跑到康樂球的攤頭，果然找到了他。於是就默默地站在他的背後。那學生過了好半天才發現校長在身後嚴肅地看他，一言不發。他臉一紅，放下球棒，揹起書包，悶聲不響，跟着校長回到了學校。一路上，兩人都不說一句話。到校後，校長只用手朝教室一指，他便進教室去上課了。

　　這位學生現在已工作多年了，可是他對這件事總忘不了。他說：「如果校長當時罵我一頓，我也許早忘記了。校長越是不響，我就越是自己想得多，此時無聲勝有聲啊！」

　　無聲的氛圍一方面能使周圍的氣氛變得敏感起來，使得對方處於高度的注意狀態，思維變得特別敏銳，對我們所要表達的東西也容易理解。同時也會造成一種無形的壓力，同時也會使對方產生一種期待，期待我們打破這種壓力。

　　由此可見，話說得多並不意味着作用大，無聲也並不意味着無效，也非處處有效，主要看使用者，用得恰如其分，那時就可能產生無聲勝有聲的效果。

# 36 阿倫森效應：
## 應該怎樣批評孩子？

對孩子只是褒揚或者先褒後貶，都會顯得虛偽而沒有說服力，而先貶後褒的策略，則會顯得客觀與有誠意。

在教育孩子的過程中，很多父母經常不知道應該怎樣批評孩子。直接批評，往往讓孩子產生抵觸情緒。不是流行賞識教育麼，好，那就嘗試着用先褒後貶的批評技巧，比如說「你今天表現很好，但是……」剛剛開始一段時間還挺奏效，但沒過多久，他又開始犯老毛病了。怎麼辦呢？

對於褒與貶在孩子心理上的不同反應，確實已經有不少人研究過。這種在日常生活中的細微現象，其實反映了一個十分嚴肅的心理定律——「阿倫森效應」。

這個效應得名於美國心理學家埃里奧特·阿倫森（Elliot Aronson），曾經組織的一個實驗。阿倫森是當代最傑出的社會心理學家之一，在研究、教學和寫作三個方面都獲得很大成就。

在這個實驗中，他找到 80 名大學生，將他們分成四組，每組都有七次機會聽到某一同學（心理學家預先安排的）談起對他們的評價。

評價方式是：第一組為貶抑組，即七次評價只說被試者的缺點不說優點；第二組為褒揚組，即七次評價只說被試者的優點不說缺點；第三組為先貶後褒組，即前四次評價專門說被試者缺點，後三次評價則專門說被試者優點；第四組為先褒後貶組，即前四次評價專門說被試者的優點，後三次評價則專門說被試者的缺點。

當四組都聽完該同學對自己的評價後，心理學家要求他們各自說

出對該同學的喜歡程度。結果出乎意料，最喜歡該同學的竟是先貶後褒組，而不是褒揚組。

心理學家的結論是：人們最喜歡那些對自己的正面反應顯得不斷增加的人，而最不喜歡那些對自己的正面評價不斷減少的人。至於原因，心理學家認為，如果只是褒揚或先褒後貶均顯得虛偽，而先貶後褒則顯得客觀與有誠心。

而在下面這個故事裡，陶行知先生就是用糖塊來批評學生的。

陶行知先生擔任小學校長的時候，有一日看到一名叫王友的男生正在用泥塊砸班上的學生，當即制止了他，並要他放學後到校長室去。

放學後，王友已經等在校長室準備捱訓了，陶行知卻掏出一塊糖果送給他，並說：「這是獎給你的，因為你按時來到這裡，而我卻遲到了。」王友驚異地接過糖果。隨後陶行知又掏出一塊糖果放在他手上，說：「這塊糖果也是獎給你的，因為當我不讓你再打人時，你立即就住手了，這說明你很尊重我。」王友更驚異了，眼睛睜得大大的。

陶行知又掏出第三塊糖果塞到王友手裡，說：「我調查過了，你用泥塊砸那些男生，是因為他們不守遊戲規則，欺負女生。你砸他們，說明你很正直善良，有跟壞人作鬥爭的勇氣。」

王友感動極了，他流着淚後悔的說：「陶……校長，你打我兩下吧！我錯了，我砸的不是壞人，而是自己的同學呀！」

陶行知滿意的笑了，說：「你能正確地認識自己的錯誤，我再獎給

你一塊糖果，可惜我只有這一塊糖果了，我的糖獎完了，我看我們的談話也該完了吧。」

懷揣着糖果離開校長室的王友，此後學習認真，再也沒有在學校發生過打架的事情。


對世界尚無全面瞭解的孩子來說，還沒有非常明確的是非判斷能力。對於一些不是十分明確的事情，無論你採用先褒後貶還是先貶後褒，一個「但是」的轉折，都可能給他們留下模稜兩可的印象，對你的誠意產生懷疑，同時又因為沒有明確指令性，不能引起其重視。

對孩子來說，錯誤產生的過程也就是學習的過程，要採取寬容的態度。但寬容不是縱容，進行批評時一定要就事論事，採取或心理暗示等方法提醒孩子，切不可不論青紅皂白一通粗暴指責。

有時孩子根本意識不到自己已犯錯，這時責備他們不會有任何作用。在這種時候，批評時要心平氣和，重在講清道理；有些很明顯的錯誤，孩子自己也會意識到。對於這些錯誤可以暫時擱置，給孩子留出自省的空間。一種行之有效的批評方式，是讓孩子知道他們的錯誤對別人的影響。這樣做，能激發他們的同情心而不是反抗或怨恨。

但不管怎麼樣，在通過批評確立規矩和準則的同時，都必須讓孩子意識到：家始終是充滿愛、充滿鼓勵、充滿情感和信任的地方。只有這樣，才能讓孩子更平靜地接受批評。

# 37 特里法則：
## 錯怪了孩子應該怎樣解釋？

一次錯誤並不會毀掉以後的道路，真正會阻礙你的，是那不願意承擔責任，不願意改正錯誤的態度。

古人說：人非聖賢，孰能無過。我們是人，不是「聖人」。即使聖人中的超級聖人，也有發狂犯錯的時候，特別是與孩子溝通的時候。

美國加利福尼亞州立大學曾經作過一項研究，通過反覆比較，做出結論：「來自上層的信息只有 20%-25% 被下級知道並正確理解，從下到上反饋的信息不超過 10%，平行交流的效率則可達到 90% 以上。」後來，這項總結報告，被稱之為「溝通的位差效應」。

這裡的「位差」主要指社會地位、學歷文憑、年齡代溝等方面的差距，溝通，相當於在一個水平的平台上進行交流，信息流才能前後左右自如流動，這就形成了人們之間的互相溝通和交流。這個位差，在家庭教育中同樣存在。

很多情況下，大人只憑自己的經驗就一口咬定孩子犯了什麼錯，讓孩子百口莫辯。但是在明白了事實真相後，他們會對孩子說一聲「對不起，我錯怪你了」嗎？

美國田納西銀行前總經理 L. 特里曾說：「承認錯誤是一個人最大的力量源泉，因為正視錯誤的人將得到錯誤以外的東西。」由這句話引申出來的就是著名的心理學法則──「特里法則」。

誰難免都會犯一點小錯誤，而且，每個人都存在着這樣的心理：犯錯誤的時候，腦子裡總是想着隱瞞自己的錯誤，害怕自己承認錯誤之後會覺得沒有面子。其實，有這樣的心理是正常的，但是，為了能

夠從錯誤中獲得另外一些有用的東西，我們應該克服這樣的心理。

特別是在家庭教育中，承認錯誤並向孩子道歉，可以幫助孩子學會負責任。這也是一個教育機會。

有時，父母覺得自己是大人，怎麼可以隨便向孩子說「對不起」呢？但是，誰做得不對就認錯，這是人與人之間交際的基本原則，不能因為雙方的身份而違反。其實，道歉反而顯得大人很光明磊落，在孩子眼中也很有份量。那些只知道修飾自己的人肯定是很虛弱的人。

《怎樣向孩子道歉》一書的作者保羅‧科爾曼（Paul Coleman）說，向孩子認錯會為孩子樹立一個榜樣，他們將從你這裡學會如何對自己的錯誤道歉，並進而對自己造成的傷害負責；這樣做不會令你顯得無能，也不會使孩子從此變得強勢；相反，父母的道歉會讓孩子明白你是坦誠直率的，你對誠實是很看重的，因此他們會更加尊重你、服從你。

大人向孩子道歉時，一定要保持誠懇的態度，用溫柔、關懷的眼神面對孩子，坦誠地和孩子進行溝通，將你犯錯時的真實想法以及反省告訴孩子，並且：「如果再發生這樣的事，我不會那樣對你了，在懲罰你的話之前，我會好好考慮幾分鐘。」

如果你覺得當面向孩子道歉很難接受，不妨試試給孩子寫一封道歉信。寫道歉信更能夠體現出你的情感，讓孩子更加感動。美國著名的教育家戴爾‧卡耐基，就曾經給兒子寫了一封道歉信，信中說：

兒子，我對你太暴戾了。當你穿衣服上學時，我責罵你，因為你沒洗臉，只是用毛巾隨便擦了一下。為了你沒有把鞋子擦乾淨，我又斥責你。當你把東西隨便扔在地上，我又生氣地呵斥你……

兒子，就在你走開之後，我手中的文件掉了下去，全身浸在一種非常難過的恐懼中，我怎麼被這種習慣弄成這樣子？那種挑毛病和申斥你的習慣——竟然當你還是一個小男孩的時候，我給你的期望太高了。

在向孩子道歉的時候，有一點必須記住，那就是：道歉不是為了取悅孩子或者安撫他的情緒，更不代表要放棄原則。如果孩子仍忿忿不平，告訴他你能理解他，畢竟，當我們對待某人不公正的時候，他是不可能一點憤恨都沒有的。

但是，如果孩子抓着你道歉的機會，試圖用它要挾你達到某種要求的時候，比如：「你承認是你錯了！你欠我一次！今晚我要通宵看電視！」

在這種情況下，你可以給孩子一點好處，但是一定要拒絕他們過分的要求，決不能讓步。你一定要跟他講清楚——不可能。另外要向他說明——每個人都會犯錯誤，家人要理解接受他的道歉，然後摒棄前嫌。

美國教育家斯特娜夫人說：「一個勇於承認錯誤、探索新的談話起點的父母，遠比固執、專橫的父母要可愛得多。」試一下吧，相信父母的道歉必然能得到孩子的理解，從而為良好的親子關係打下基礎。

# 38 自然懲罰法則：
## 孩子跟大人對着幹怎麼辦？

孩子吃什麼、穿什麼、用什麼，去哪兒、跟什麼人在一起，以及什麼時候寫作業和什麼時間睡覺，等等，曾經都是父母關心的問題。

在很長一段時間裡，父母要求孩子的是無條件的服從——聽話。在幼兒園要「聽阿姨的話」，假期去陪老人要「聽爺爺奶奶的話」，上學以後要「聽老師的話」。孩子們所能做的，就只有服從，一切都由大人替他做決定。

當孩子年紀小的時候，這種保護和幫助是不可缺少的，因為他們的心智還不足以自己做出正確的決定。然而，當孩子一天天長大，並且進入青少年時期，他就開始有自己的想法，開始自己做決定了。孩子形成了自己的看法和思想。

不過，這些想法和決定，有時與父母的期待是截然不同的。孩子想要到院子裡踢足球，父母卻要求他做作業；孩子覺得每天放學後打一會兒遊戲也沒什麼大不了，可是父母卻希望他馬上開始練琴。因此，雙方的衝突在所難免。


一位父親安慰剛被「收拾」過的兒子：「行了，別哭了！其實爸爸也不想打你，但你為什麼老是跟我對着幹呢？你看看鄰居家的露露，和你年紀一樣，可是從來不惹她爸爸生氣，她爸爸也從來不打她。」

父親為兒子擦去眼角的淚水：「今後要聽話！你說，從露露身上應該學到些什麼呀？」

兒子邊抽泣邊說：「要，要找，找個好爸……爸……」

父母和孩子之間發生衝突時，往往使雙方感情都受到傷害：父母覺得孩子對着幹，孩子則是認為父母不尊重他們，甚至不愛他們。曾經有一個孩子對我說：「我不想和父母吵架。因為我吵不贏的時候只有捱罵，吵得贏的時候只有捱打。」

在父母看來，孩子就像是完全變了一個人似的，讓他們一時難以接受而覺得奇怪：孩子為什麼喜歡跟大人對着幹呢？

其實，問題不在於孩子，而在於父母：他們尚不適應長大全新的孩子——而仍然當他是個無知無識的孩子，企圖替他做一切決定而他仍然全盤接受。這，也正是您和很多父母與孩子發生衝突的原因。

2004 年，兩名以色列學者阿維‧阿索爾（Avi Assor）和蓋‧羅斯（Guy Roth），與美國資深動機心理學專家愛德華‧德西（Edward L. Deci）合作，對 100 多名大學生進行了調查，詢問他們在得到父母關愛時，是否取決於其學校成績，苦練體育，關心他人，或能否控制憤怒及恐懼等情緒等因素。

結果顯示，受到父母有條件表現關愛的孩子，確實更趨於聽話，也就是按大人的意志行事。

但是，這種聽話是要付出代價的。首先，這些孩子往往對自己的父母感到反感和厭惡。其次，他們傾向於說，他們行事往往更多的取決於一個「強大的內部壓力」，而不是「一個真正意義上的選擇。」此外，在他們做某事成功之後所感到的幸福通常是短暫的，之後往往會感到內疚和慚愧。

一些研究者把學生按獎勵和懲罰養育進行了分類。他們認為，這兩種養育從長遠看都是有害的，但在形式上略有不同。獎勵有時對促使孩子在學習上更加努力是有效的，但其負面影響，是隨之而來的不健康的「內部壓力」感覺。而懲罰甚至在短期內也根本不起作用，它只增加了孩子對其父母的負面情緒。

這些研究告訴我們，用表揚來替代懲罰來讓孩子聽話的做法，同樣屬於「有條件培養」，也可能得到適得其反的結果。而且，用通常所說的懲誡方法讓孩子聽話，會導致孩子感情的極度焦慮。

在這方面，讓犯錯的孩子自己選擇受懲罰的方式，是一個不錯的選擇。這實際上是 18 世紀法國的盧梭在他的教育論著《愛彌兒》一書中提出的「自然懲罰」：「使他們（孩子）從經驗中去取得教訓。」

具體來説，就是當孩子在行為上發生過失或者犯了錯誤時，父母不給予過多批評，而是讓孩子「自作自受」體驗到痛苦的責罰，強化痛苦體驗，從而吸取教訓，改正錯誤。


美國作家馬克‧吐溫曾經有一次帶着孩子到農莊度假。可是就在出發前，不知出了什麼差錯，大女兒蘇西動手把妹妹克拉拉打得哇哇大哭。

按照馬克‧吐溫制定的家規，蘇西必須受到懲罰。懲罰的方式還要她自己提出來，父母同意後就可以施行。猶豫了半天，蘇西終於下了決心對母親説：「今天我不坐乾草車了，它會讓我永遠記住，不再重犯今天的錯誤。」

發生這類衝突時，父母和孩子的感情都受到傷害。不過，這種衝突也有其積極的一面，那就是可以使父母逐步理解孩子。事實上，看到孩子開始形成並且發表自己的看法，父母應該感到寬慰才行。回憶一下自己的青少年時期，父母應該可以理解孩子的感受。

　　與孩子和解，也就意味着適應家裡這個慢慢長大的人，和他平等相處，甚至允許出現「重孫有理告太公」的以下犯上。這種適應，可以使父母和孩子雙方都更快地適應自己的新角色，而不是磕磕絆絆很多年。

　　我們大多數人會毫不猶豫的說，我們愛子女是沒有任何附加條件的。但是，重要的是從孩子的角度是如何看的──當他們做得不好或搞得一團糟時，是否會覺得父母仍然同樣愛他們。

　　心理學上有一種說法叫做「非愛行為」，就是指人以愛的名義對最親近的人進行的非愛性掠奪。所有這些，都可以稱為非愛行為，因為，它是以一種愛的名義所進行的一種強制性的控制，讓他人按照自己的意願去做。

　　美國心理學家卡爾‧羅傑斯（Carl Rogers）認為，我們僅僅愛孩子是不夠的。愛還必須是無條件的：愛孩子，而不是他所做的。相信沒有父母認為，當孩子聽話時就愛他們，反之則不愛。

　　當然，父母對孩子的無條件的愛，應伴隨着「自主支持」：要向孩子解釋要求的理由，最大限度給孩子參與決策的機會，鼓勵但不操縱，並積極地從孩子的角度來想像和觀察事物。這並不意味着要放縱他們，而是說他們有權利把自己的意願從父母的期望中分離出來。

# 39 應激反應：
## 怎樣讓孩子面對父母離婚？

近年來，中國的離婚率逐年攀高，還有更多的家庭處於離婚的邊緣。很多父母堅守婚姻的理由僅僅是：給孩子一個完整的家。一位朋友說，她為此感到困惑，為父母者割捨自己的幸福，忍受痛苦，巨大的個人犧牲真的會帶給孩子幸福嗎？為了孩子，離婚還是不離？

這對父母來說是一個哈姆雷特式的問題，對孩子來說更是一個無解的衝擊。父母離婚，必然會給孩子的生命個體造成不同程度的心理衝擊。這在心理學上稱為「應激反應」。

憤怒是發生在父母離異的孩子身上常有的事。他們怪罪父母，甚至是怨恨整個世界──為什麼這樣的災難會在世上發生？如果這樣的憤怒被導向了父母其中一方，孩子很容易罪過歸咎於這一方，而把另一方看成是受害者，這很容易導致內心分裂。這時，就需要「受害者」的一方來給孩子進行開導。

在這方面，美國現任總統巴拉克‧奧巴馬的母親安‧鄧納姆是一個成功的典型。


安‧鄧納姆是一個美國白人，原本來自肯薩斯州。而老奧巴馬是一名在夏威夷唸書的肯尼亞留學生。兩個人結婚時，安剛好 18 歲。這段婚姻很短暫，老奧巴馬離家前往哈佛大學唸經濟學博士學位，就把年輕妻子和年幼的奧巴馬拋下了，因為他沒有錢帶上妻兒同去。

1964 年，安提出離婚，老奧巴馬沒有異議。安一邊帶兒子一邊求學，生活非常拮据，老奧巴馬也沒支付過贍養費。在一般人看起來，她有很

多理由對老奧巴馬憤怒。

然而，安從來沒有抱怨過前夫，也沒有在兒子面前說過老奧巴馬的壞話。實際上，每當和兒子談起他的爸爸，安沒有給孩子抱怨他父親的缺點或不負責任，說的都是優點。她對奧巴馬說，爸爸聰明，幽默，擅長樂器，有一副好嗓子。


內疚是這類兒童的另一個問題。他們會認為，如果他們是個乖孩子，聽爸爸媽媽的話，這樣他們就不會離婚了。要讓孩子知道這並不是他的錯。

在一段婚姻走到盡頭時，失落和悲傷是很自然的。你可以讓孩子分擔你的感情，而不是用錯誤的觀念誤導他，這才是為人父母對孩子負責任的做法。

那麼，父母應不應該為了孩子留在不可調和的婚姻呢？

今天很多人的離婚，並不是喜新厭舊，而是因為對另一方的某些方面無法容忍，或者是因為另一方對家庭的不負責等行為造成的。但是，社會輿論提倡為了孩子不要離婚，可是不離婚對孩子真的比離婚好嗎？恐怕要做具體的分析。

不離婚，可以在表面上給孩子一個完整的家，但是，婚姻的雙方已經沒有了愛，每天給孩子提供的是一個不良的愛情範例。孩子並不像我們想像的那樣不明世事，一個湊合的家庭，和一對充滿怨恨的父母，對孩子心理的影響並不亞於離婚。

如果父母中的一方不能從根本上改善孩子的精神和情感生活，無法成為孩子的好榜樣，那麼這一方的離開，對孩子不是壞事。

其次，家並不一定非要由親生父母及孩子組成，只要對孩子有愛，在什麼環境都可以付出。

許多人認為，只有親生的父母才能給孩子完整的家庭，給孩子愛，但是他們忽略了一個問題，就是家不是一定要由爸爸媽媽和孩子組成才算完整。在很多再婚家庭裡，親子之間照樣愛意濃濃。孩子不僅沒有失去愛，反而可能多一個人來愛他和幫助他。

美國著名的成功學大師戴爾‧卡耐基的經歷，就證明了這一點。


卡耐基小時候是一個公認的非常淘氣的壞男孩。在他九歲的時候，他父親再婚。父親是這樣向新婚妻子介紹卡耐基的：「親愛的，希望你注意這個全城最壞的男孩，他可讓我頭疼死了，說不定會在明天早晨以前就拿石頭扔向你，或者做出別的什麼壞事，總之讓你防不勝防。」

出乎卡耐基意料，繼母微笑着走到他面前，托起他的頭看着他。接着又看着丈夫說：「你錯了，他不是全城最壞的男孩，而是最聰明、但還沒有找到發洩熱忱地方的男孩。」

繼母說得卡耐基心裡熱乎乎的，眼淚幾乎滾落下來。就是憑着她這一句話，他和繼母開始建立友誼。而在繼母到來之前沒有一個人稱讚過卡耐基聰明。所有的人都認定他就是壞男孩，但是繼母就只說了一句話，便改變了他的一生。

失敗的婚姻，會對人有挫敗感，但是也可以讓人學到很多東西。理智的離婚，可讓孩子知道你可以為他付出愛，但是不能犧牲自己，一個人首先要對自己負責任。它可以教會孩子尊重他人，包括尊重父母的選擇。孩子可以從中明白，人不能只為自己活着，要多替別人着想，父母不一定必須圍着孩子轉。

　　教育家馬卡連柯說：「一切都讓給子女，犧牲一切，甚至犧牲自己的幸福，這就是父母所能給孩子的最可怕的禮物。」那些自認是為了孩子而委屈一生的父母，正是把這件最可怕的禮物端給孩子。

　　事實上，並不是離婚本身傷害了孩子，而是大多數夫妻在離婚時的表現傷害了孩子。如果能夠理智的友好的離婚，它對孩子的傷害一定能減少到最小甚至沒有。

　　接下來的問題是，怎樣讓孩子接受父母離婚的事實？

　　首先，無論孩子年齡有多小，他們都有權知道父母正在辦理離婚。你應該告訴孩子，父母當中會有一人離開這個家，而且再也不會搬回來住了。沒有必要用「爸爸去出差了」或者「媽媽回外婆家了」這樣的理由來搪塞。遮遮掩掩、閃爍其辭只會帶來傷害，而且最終還是需要得到更正。

　　其次，最好是在爸爸媽媽都在場的情況下，告訴孩子離婚的消息。孩子大多不能真正瞭解離婚：為什麼我最親密的兩個人會不愛彼此了呢？父母要勇於承擔責任，正面回答與自己相關的問題。

　　第三，任何年齡的孩子的第一反應都會是問「為什麼」，如果你

回答分開生活對所有人都好。那麼孩子接下來的問題是：「爸爸（媽媽）離開了，是不是就不愛我了？」不管是不是說出口，這個問題是一定存在於孩子腦海中的。為了消除他的這種恐懼，必須告訴孩子：「爸爸媽媽都會愛着你，永遠都會。」

不要急於告訴孩子家庭財務狀況的變化，也不要急於告訴他父母中有一人或者雙方都會馬上再婚。如果可能的話，把對他的安排盡可能詳細地告訴他，包括離開的一方多久來探望他一次。雖然孩子會痛苦，也要鼓勵他多問所關心的問題。

# 40 自己人效應：
## 怎樣讓孩子敞開心扉來交流？

讓我們比較下面兩種說法：

第一種——

「趕快去做作業！」

「你難道不知道老師為什麼批評你嗎？」

「算你說對了，你也就這麼一點兒小聰明！」

第二種——

「做作業真是很辛苦啊！」

「被老師批評，一定覺得很難過喔？」

「原來是這樣，我們想到一起了！」

對孩子來說，在這兩種說法面前分別會有什麼樣的反應呢？對於任何孩子來說，只要聽到父母說出第二種說話，一定會感受到「原來媽媽也和我有同樣的感受」、「原來爸爸也可以理解我的心情」、「爸爸（媽媽）還是最愛護我的」。進而，他們會感受到被關愛的感覺，敞開心房與父母交流。

其實，與孩子產生共鳴很簡單，只需要一句「原來如此」就可以了。

在家庭教育中，很多父母抱怨說自己的苦口婆心不被孩子理解。其中的原因，只在於這種苦口婆心，沒有把孩子與自己視為一體。只有拉近與孩子的心理距離，孩子才會消除心理壓力，不會對父母存有戒心。為了達到這個目標，我們就需要利用心理學上的「自己人效應」。

這個理論，由社會心理學家 G. L. 克勞爾和 D. A. 伯恩於 1974 年提出：相似的人由於肯定了對方的信念、價值觀、人格品質，因此，

起着正強化的作用。反之，則起着負強化的作用。這種正負強化作用通過條件反射與具有這些特點的人聯繫起來，結果就造成了人們喜歡相似的人，不喜歡不相似的人。

他們進行了一個實驗，證實了這一點。

那時候的年輕人的穿着主要有兩種類型：要麼像嬉皮士，要麼不像嬉皮士。實驗者分別穿着兩種類型的衣服，到校園裡向大學生們要一毛錢打電話。

當實驗者的穿着與被問到的學生是同一種風格時，在多於 2/3 的情況下都得到了這一毛錢。但是，當實驗者的穿着風格與被問到的學生不一樣時，只在不到一半的情況下得到了這一毛錢。

另一個實驗則表明，人們對「自己人」的正面反應，幾乎是不假思索的。他們發現，參加反戰遊行的人，更可能在一個穿着類似的人的請願書上簽名。不僅如此，他們簽名的時候甚至都懶得讀一下請願書。

活用「自己人」效應，也就是讓孩子把你與他歸於同一類型的人。如果父母和孩子關係良好，孩子就更容易接受父母的觀點、立場，甚至對一些批評也不容易抗拒。


在商場兒童玩具專賣櫃前，一個孩子坐在地上，尖叫：「我要電話機，我要那個電話機。」

他這麼撒潑地一嚷，周圍人的目光都聚了過來。只見他的媽媽平靜地說：「貝基，你最好給我起來，我數一⋯⋯二⋯⋯三。」

孩子看了看媽媽，繼續嚷着。這時，媽媽一屁股坐到他旁邊。像他那樣踢着腳：「我要一部車，我要房子，還有珠寶。我還要……」

孩子立刻站起來，他眼淚汪汪求媽媽起來。周圍愣住的人，開始噼裡啪啦地鼓掌並小聲地誇讚：「這真是個聰明的媽媽」。


由於代溝的關係，有時讓孩子把你當成「自己人」會有些困難。因為代溝會導致語言障礙的出現，這種障礙會阻礙到父母跟孩子的有效交流。在具體的作法上，有以下幾個方面值得嘗試。

第一，主動理解孩子的見解，哪怕它有些荒謬。

孩子有自己對人對事的見解，有他們喜歡的生活方式，有他們自己的興趣愛好，比如孩子喜歡某位歌星或演員，興致勃勃地向你講述偶像的新聞，你就不要以自己的眼光和主觀見解去說「真不明白你為什麼這樣迷他，我覺得他沒什麼優點」，你這樣說只會讓孩子覺得「父母既然不明白我，那麼再說下去也沒有意義」，從此便不再與父母說他的偶像，轉而去尋找與他有共同話題的朋友。

第二，像孩子那樣思考問題。

對大多數父母來說，這件事其實相當容易，因為每個人都曾經是孩子。當父母試着用適合孩子年齡的語言來解釋一些事情的時候，他也就把自己放到兒子或者女兒的位置上，並找到了最好的交流語言。最好的練習方法，就是聽聽你的孩子他們平時怎麼說，然後使用他們的詞彙。如果你練習得夠多，使用適合孩子年齡的話，最終會變成你

和他的交流習慣。

第三，父母可以嘗試讀孩子們讀的書，看孩子們愛看的電影，也就是跟孩子的業餘愛好和興趣同步。

這其實也是通過介入孩子的成長環境，來拉近與他們的距離。你可以自問：孩子喜歡讀哪種類型的書？他喜歡看哪種類型的電影？記住，為了孩子，看這些似乎很幼稚但是卻有助於交流的東西並沒有什麼羞恥。

第四，與孩子視線平齊進行交流。

傳統觀念裡，很多父母都覺得自己是長輩，應該高高在上，正是這種想法造成了和孩子之間的「代溝」。因此，要想改變這種局面，就要拋棄那種居高臨下的姿態，蹲下或坐下，水平地面對孩子的視線，縮短和孩子之間的心理距離。同時，避免用命令、訓導式的語氣和孩子講話。

# 第五部分
# 成長比成功更重要

# 41 鮎魚效應：
## 孩子競爭意識差怎麼辦？

在競爭越來越激烈的當今世界，父母也都越來越認識到孩子的競爭意識和競爭能力的重要性。讓孩子學會競爭，成為無數父母教育子女的重要內容，通過各種措施鼓勵孩子參與競爭。

競爭意識，是指對外部活動的積極、奮發、不甘落後的反應。培養孩子的競爭意識，鼓勵孩子參與競爭，對孩子的成長很有意義。

在培養孩子的競爭意識，首先要讓他有自己做主的權利。有人開玩笑地説，中國父母對孩子的培養就是一個「報」字——

5歲：孩子，我給你報了少年宮。7歲：孩子，我給你報了奧數班。15歲：孩子，我給你報了重點中學。18歲：孩子，我給你報了高考突擊班。23歲：孩子，我給你報公務員。32歲：孩子，我給你報了《非誠勿擾》。

這樣的孩子，恐怕不只是沒有競爭意識的問題，而且還有一個奴隸化的問題：他已經不屬於自己。這種情況下，父母的教導再多也是沒有用的。孩子習慣了一切由父母包辦，他怎麼能主動競爭呢，他已經被剝奪了自主和主動的權力。

很久以前，挪威人從深海捕撈的沙丁魚，總是還沒到達海岸都已經死了。但有一條漁船總能帶着活魚上岸，活魚比死魚可是貴上好幾倍呢。這是為什麼呢？

原來，漁人在這船的魚槽裡放進了鮎魚，鮎魚是沙丁魚的天敵，鮎魚出於天性不斷追逐沙丁魚，在鮎魚的追逐下，沙丁魚拚命游動，

激發了其內部潛能，從而活了下來。

這就是「鮎魚效應」，它告訴我們，競爭可以激發人的內部潛能。

不過，凡事都有一個度。培養競爭意識也不能過頭。如果盲目地鼓勵孩子競爭，卻沒有讓孩子瞭解到競爭的意義，恐怕會適得其反，導致孩子過度競爭或惡性競爭，在成功時沾沾自喜，在失敗時怨天尤人，甚至仇恨和傷害對手，這就過猶不及了。

要培養孩子正確的競爭意識，有目的，有針對性，科學地引導孩子參與競爭，而不要陷入盲目鼓勵孩子競爭的誤區。盲目的競爭容易使孩子沉溺於成敗得失的算計中不能自拔，在一個以獲勝為榮，而對失敗無法容忍的世界裡，是很危險的。

現在很多家長在談論的「狼性教育」，把孩子教育成眼裡只有個人成就的狼，並不是好事。因為科學研究已經證明，競爭意識太強並不一定是好事。

美國心理學家多伊奇等人（Deutsch，1960）曾做過一個經典的實驗，該實驗要求被試者兩兩成對，分別充當兩家運輸公司的經理，任務都是使自己的車輛以最快的速度從起點到達終點，如果速度越快，則賺錢越多，要求盡可能多賺錢。

每人都有兩條路線可選，一條是個人專用線，另一條是兩人共同的近道線，但道近路窄，一次只能通行一輛車，因此使用這條近而窄的道路只有一種辦法：雙方合作交替使用。研究者明確告訴被試者，即使交替使用單行線，也必須要有一點等待時間，但走單行道遠比啟

用個人專線經濟、有效。實驗最後，以被試起點至終點的運營速度記分，分數越高越好。

實驗的結果表明，雙方都不願意合作，狹路相逢，僵持不下的情況時有發生，雖然在實驗中也會偶有合作，但大多數都是競爭的結果。

當研究者要求被試者闡明寧可投入競爭也不願選擇合作的理由時，大多數被試者表示自己希望戰勝其他競爭者，而並不重視自己在實驗中的得分多少，即使得分少也要去競爭和勝過他人，從而實現自我價值。

這個實驗，一方面證實了人心理上傾向競爭的結論，另一方面也表明，在個人競爭的條件下，多數人只關心自己的工作，不會相互支持，因而反而可能降低效率。

在現實生活中，部分競爭意識很強的孩子，未能積極、正確地面對競爭，對競爭夥伴充滿敵對情緒，採取「封閉」和「打擊」的方法，不再和對方交朋友，甚至慫恿別的夥伴孤立他，嚴重的甚至毀壞對方的資料等。父母要提高孩子的競爭道德水平，教育孩子在競爭中要學會寬容。

父母要告訴孩子，競爭並非就是不擇手段地戰勝對方，同學之間的競爭應該有利於促進相互督促，相互學習，以競爭促進進步。競爭也要珍惜同學間的友誼，要運用正當的競爭手段，不能做出傷害同學的事情。

心理學研究表明，個性與競爭能力是緊密地聯繫在一起的。發展孩子的個性，應從其本身的需要、興趣出發，讓孩子不但在學習成績

上有競爭力，更要掌握幾種特殊的才能和本領，具有較完善的人格。而且，能自理、自主、自律、自信的孩子，其競爭意識和競爭能力往往強於他人。

有競爭，就會有輸贏，就會產生成功者和失敗者。在競爭中，沒有常勝將軍，沒有哪個人能在各方面都次次取勝。因此父母應該引導孩子知道強中還有強中手。有的孩子在家中與父母下棋，只能贏，不能輸，一輸就要要賴，於是父母便只能讓他贏，長期這樣，容易產生負面效應，使孩子變得「輸不起」。

任何競賽，有勝利者也要有旁聽鼓掌的人，鼓勵孩子欣賞別人的勝利，能培養他寬大的心胸。同時，也要讓孩子接受一些挫折教育，能培養孩子的意志，讓孩子感到失敗並不可怕，只有在失敗之後及時地調整自己的心態，消除不必要的緊張、憂慮和自卑等消極情緒，才能爭取到下一次的成功。

在必要時，父母可以有意識地幫助孩子選擇競爭者。讓孩子把某個同學當作競爭者，能極大地鼓舞孩子，是可以的，但不要目標太高，每次都盯着第一名，可以讓孩子選擇一個比較熟悉、成績略好於自己的同學作為競爭對象。

一個孩子正常的成長狀態是，既要有競爭對手，也要有親密的夥伴。讓他們既與別人競爭，同時又有相互支持的同伴，他們共同活動，彼此交流及時，相互理解和友好。只有在這種情況下，他們才能學會和人進行良性的競爭。

# 42 社交恐懼：
## 孩子不肯打招呼怎麼辦？

筆者認識一位朋友的孩子，今年 9 歲，很聽話，但就是不太善於與別人打交道。他的父母都十分有禮，看見鄰居等都會說早晨打招呼，外出前都告誡孩子見了長輩要主動問好，別人問問題時要好好回答等等。

　　可是這孩子在遇到外人時都很害羞，要麼緊低着頭，要麼把臉扭向一邊或者漲紅了臉沒有一句話，有時甚至乾脆躲到父母的身後，弄得父母很尷尬。雖然父母多次都會批評他，也不見改善。

　　這個孩子遇到的問題，是社交恐懼，我們在生活中稱之為害羞。

　　在這個世界上，大約有五分之一的孩子是天生害羞的。根據美國著名心理學家菲力普·津巴多博士的觀點，害羞是孩子們固有的個性之一。

　　首先要告訴您一個好消息，儘管害羞的孩子看起來在外人面前表現不好，但現在科學家越來越傾向於認為：害羞是一種優勢性格，有益於孩子的健康成長。華盛頓大學教授大衛·霍金斯（David Hawkins）說：「害羞存在着危險因素，但它也具有一種保護性品質。」

　　比如，害羞的孩子較為聰明，看起來少言寡語，但勤於思考，多於行動，能吃苦耐勞，更富有創造性和實幹精神，成年後也不會播弄是非，因而大多能受到他人的信任。害羞孩子也許比那些開朗孩子的朋友少，但他們涉及暴力犯罪或團伙犯罪的幾率更低。

　　同時，害羞者往往心態寧靜，不怒不躁，寬容豁達，對坎坷、挫折、失敗等的心理承受能力較強，有利於身心健康與事業的成功。至於其

中的奧妙，據美國哈佛大學和耶魯大學的心理學家研究，乃是得益於害羞孩子的神經系統天生較為發達之故。

研究者指出，亞伯拉罕・林肯、穆罕達斯・甘地、納爾遜・曼德拉等偉人的性格中都有害羞的成分。英國歷史上的著名首相本傑明・迪斯累里（Benjamin Disraeli）坦白說，他寧願率領一支騎兵去衝鋒陷陣，也不願意面對下議院做首次演講。

當然，也不容諱言害羞對孩子成長的不利影響。正因為害羞的兒童天生神經系統較為發達，在社會交往中，會因自我意識強烈和驚慌而過於膽怯與退縮，難以與環境融恰相處，不易交朋友，可能影響其日後的事業與工作。

因此，對孩子的害羞個性加以適當的引導和矯正，是有必要的。

首先，對孩子的害羞個性，家長應當正確認識並勇於接納，完全沒有必要過分關注或大驚小怪，而要以平常心來對待。

要理解和體貼孩子，使孩子放鬆下來。如果孩子處於緊張狀態的時候不願打招呼，不宜硬要孩子開口問好，更不要反覆提醒和批評。即使孩子的聲音很小，也要多給一些正面的鼓勵和表揚，有時甚至可以誇張一點，以增強他的信心。

其次，一定要注意，不要當着別人的面指責和嘲笑孩子。當眾的批評不但於事無補，只會加深孩子對他人的恐懼，使孩子更加害羞。

因為孩子心理本來就比較脆弱，而且很相信父母的評價，會認為自己的確就是一個性格內向、好害羞的人，他以後會經常以「我是一

個害羞的人」來暗示自己，為自己的行為找到依據，並以此來作為自己退縮行為的理由和藉口，愈發迴避與別人打招呼。下面就是一個負面激勵孩子的例子。

一位父親帶着四歲的兒子來朋友家做客。朋友拿了個橘子給他，父親說：「兒子，叔叔給你橘子你該說什麼呀？」

孩子低着頭不說話，那朋友趕緊說：「不用謝了，吃吧。」

父親不好意思地說：「我這兒子太害羞了，不敢說話。」

這時，小孩子小聲地衝父親的朋友說：「叔叔，能幫我剝開嗎？」

第三，要鼓勵孩子多進行人際交往，但必須讓他事先有充分的準備，並採取由易到難的交際方式。

無論在什麼場合，如果孩子事先已經做好了各種準備，知道將要面對的情況，他就不會那麼緊張、焦慮和不安，害羞情緒也會減少許多。正如美國學者梅阿利・羅斯巴德所說：「只要不讓孩子突然遭遇未知事物而受過強刺激，而是讓他們在鬆弛狀態下接觸新事物，孩子就會自然適應。」

比如帶孩子參加聚會，應該事先告訴他要到哪裡去、要去幹什麼、最好能先讓孩子結識一下要見的人；陌生客人到訪，可以先告訴孩子會來多少客人、客人來後孩子應該怎樣打招呼；安排打招呼的次序，應由熟人開始。如果在學校需要公開發言或演講，可以事先在家

裡對孩子多加輔導和演練，讓孩子熟悉整個的程序，減少臨場的慌亂與失誤。

同時，也要讓孩子知道，社交溝通的形式有很多，友好地望着對方微笑、點頭、揮手等行為都是交際方式的一種，鼓勵孩子先選擇以最簡單的方式開始，由易到難地掌握其中的技巧，比如可以先教他揮手、說「HELLO」等來示意，但不應反覆提醒。

第四，大多數孩子的害羞是有選擇的。在安排孩子增加社會交往時，要選擇好對象，要注意使孩子能從中體會到與人交往的愉快。

帶孩子去做客時，要選擇那些態度和藹、容易親近的親戚朋友；在安排孩子與其他的小朋友一起活動時，要選擇比他年齡小、攻擊性不強的孩子；在安排孩子參加集體營地活動時，要選擇人數較少的場次，這樣可以有效地避免孩子在活動中經受驚嚇、挫折、拘束、不安全等不良心理體驗。

如果您想對害羞心理有更詳細的瞭解，建議找菲力普·津巴多博士的著作《害羞心理學》（Shyness: What It Is, What to Do About It）讀一下。但無論如何，只要有意識地讓孩子在交往中找到良好的自我感覺，相信隨着體驗的積累，他就會變得不那麼害羞了。

# 43 避雷針效應：
## 孩子被欺負怎麼辦？

但凡為人父母者，看到孩子從外面哭着回來，含淚說「有人欺負我」的時候，心裡都會有些不舒服。這時怎麼辦呢？

從定義上說，欺負（bullying）是一種特殊類型的攻擊性行為，可歸屬為攻擊行為的一個子集。目前，研究者普遍採用英國哥德斯密斯學院的史密斯教授對欺負所作的界定，即欺負是力量相對較強的一方在未受激惹的情況下對較弱的一方重複進行的攻擊。

顯然，聽之任之是不可取的。孩子之間的糾紛，在大人眼中可能是小事一樁，但卻可能影響孩子的一生。因為欺負就是矛盾的升級，它通常以微不足道的方式開始，並且愈演愈烈。研究發現，長期受人欺負的孩子會產生心理障礙，他們往往會變得抑鬱，沮喪，甚至認為自己毫無用處。

找對方的家長或直接插手懲罰欺負孩子的人呢？也都是不可取的——既不利於解決問題，還可能對孩子的心理造成不良影響。找對方家長或直接插手，無疑是在暗示孩子，犯了錯可以由家長承擔。孩子有了這種觀念後，容易產生對父母的依賴心理，失去獨立性，而且養成不辨是非的習慣。

媽媽訓斥兒子：「你和最好的朋友打架，你難道不害羞嗎？」

兒子委屈地回答：「他先用石頭扔我的。」

媽媽很生氣：「他用石頭扔你時，你該馬上回來告訴我。」

兒子回答說：「那有什麼用？我扔得比你準。」

我們大家都看到過避雷針，在心理學上，有一個「避雷針效應」
（Lightning rod effect），就是用來形容只有疏導和調節情緒，才能冷
靜正確的做出各種決策。

在孩子受了別人欺負的時候，我們做父母的就要做孩子的「避雷
針」，發揮疏通和引導的作用，使孩子學會正確處理這一類問題。

小學階段的孩子，正在學習如何和夥伴通過競爭或合作來達到交
際目標。這是他的必經階段。通過競爭和合作，孩子會領悟到人與人
的互相牽引和影響，並努力建構自己的社交圈子。孩子對交際的判斷
只是靠一些短期情感影響，變化很大，今天發生衝突，明天又可以是
好朋友，所以沒有必要大動干戈。

孩子在衝突中「被欺負」，首先要設法讓孩子平靜下來，問清事
情的來龍去脈，幫助他弄清楚究竟是「誰錯了」。在這一過程中，不
要先入為主地認為：既然是孩子受了欺負，那麼一定是對方的責任。
其實，有些衝突恰恰是最後受了「委屈」的孩子挑起的。

如果孩子受到「欺負」是他自己引起的，要先告訴他，對方打人
是不對的，不能做「打人的孩子」，但同時也要你指出他自己也有不
對的地方，告訴他以後應該怎麼做。

如果主要的責任在對方，一定要根據情況的嚴重程度，告訴孩子
正確的解決方式。孩子不能去傷害別人，但也不能一味承受別人的傷
害，過於忍讓，不利於孩子的身心健康發展。

如果衝突不嚴重，只是口角之爭，要鼓勵孩子自己去和對方交

涉，培養孩子獨立處理事情的能力，讓他懂得如何維護自己應有的「權利」。比如，鼓勵孩子對欺負人的孩子說「我不喜歡你這樣做」「你再這樣，我就不客氣了」等等。

如果衝突嚴重到皮肉受苦，可以先對孩子表示安慰，讓他覺得自己並不孤立，然後告訴他，以後再有人這樣欺負你，應該勇敢維護自己的權益。

要告訴孩子，受欺負的時候，流淚只會讓欺負他的更加肆無忌憚，甚至變本加厲。學會鎮定自若地面對嘲笑、捉弄、反而會讓對方自討沒趣。

告訴孩子，僅僅對恃強欺弱的人視而不見，還不一定有效果。因為有些人會連續糾纏。這時，應該勇敢，理直氣壯在訓斥他的行為。

如果孩子由於性格懦弱或別的原因不敢反擊，可以和孩子在家裡輪流扮演欺負與被欺負的角色，教他學會斥責想欺負他的人，絕不能低着頭或怯生生地吞吞吐吐。必要的時候，父母也可以陪伴孩子去解決問題，但切記一定要讓孩子自己處理，父母不能包辦代替。

此外，可以尋求老師和學校的支持。這樣做，可以讓孩子意識到受人欺負時需要主動還擊，但並非一定以牙還牙，而應該讓主持「公道」的人去管。孩子接受這些觀念，能夠提高他的自立能力和規則意識，對他將來如何在一個有規範、秩序的社會中為人處事，也是很有幫助的。

總而言之，當孩子受到欺負時，父母應該會讓孩子學會自我保護，

勇敢地向欺負他的孩子表明自己的態度：我不是軟弱可欺的。

　　同時，也要注意不能矯枉過正。有些父母為了避免孩子被欺負，往往會鼓勵孩子的攻擊行為，甚至誇獎孩子「全班的同學都怕他」或「誰都敢打」。那位媽媽為「自己的女兒打遍天下，無論是男孩還是女孩都敢打」而自豪。但實際上，這不僅無法讓他在同伴中獲得尊重，恐怕還會引起更嚴重的問題。因為害怕並不意味着尊重，讓孩子獲得別人尊敬的最好方法，是教會他尊重別人。

　　從長期來看，為了提高孩子在交往圈中的地位，可以教孩子幾個「絕活」。因為多數孩子往往崇拜能力比自己強的人，對於這樣的同伴，他們比較少產生欺負的動機。因此，在業餘時間教孩子一些技能，如摺紙、變魔術等，有助於他們「震懾」住喜歡欺負人的同伴。

# 44 鏈狀效應：
## 孩子交上了「壞朋友」怎麼辦？

俗話說「近朱者赤，近墨者黑」，在心理學上這種現象被稱為「鏈狀效應」，它是指人在成長中的相互影響以及環境對人的影響。

每位家長都希望自己的孩子能和好孩子交朋友，在良好的圈子裡學到更多的東西。然而，孩子到底交什麼樣的朋友，卻不是我們所能左右的，這也是很多家長所頭痛的事情。

做為一個獨立的個體，孩子有選擇朋友的自由。由孩子自己選擇，並在交朋友的實踐中摸索經驗，對他會有什麼影響呢？

美國心理學家紐科姆（Newcomb）曾在密執安大學做過一實驗，實驗對象是十七名大學生。實驗者為他們免費提供住宿四個月，交換條件是要求他們定期接受談話和測驗。

在被試進入宿舍前，先測定他們關於政治、經濟、審美、社會福利等方面的態度和價值觀，以及他們的人格特徵。然後，將那些態度、價值觀和人格特徵相似和不相似的學生，混合安排在幾個房間裡一起生活四個月。四個月後，定期測定他們對一些問題的看法和態度，並讓他們相互評定室內人，喜歡誰不喜歡誰。

實驗結果表明，在這些學生相處的初期，空間距離的鄰近決定人際之間的吸引。但是到了後期，相互吸引的動力發生了變化，態度和價值觀越相似的學生，相互吸引力越強。而且，只要對方和自己的態度相似，哪怕在其他方面有缺陷，同樣也會產生很大吸引力。

這個實驗說明，學生在交往中受到態度觀點相似的人的吸引，而不注重對方的其他方面。伊索有一句名言：「對一個尚未成熟的少年

來講，壞的夥伴比好的老師起的作用要大得多。」可見朋友對孩子的影響有多大。

由於孩子的心智發展不成熟以及社會經驗的欠缺，孩子辨別是非的能力是比較弱的，父母不應該替孩子決定與什麼人交往，但是有責任教給孩子交往的原則和方法。

特別是男孩子，好動愛玩，很容易和那些愛打架的同學交朋友並模仿他們的行為，認為那是威風是勇敢。久而久之，無故曠課、夜不歸家、抽煙、酗酒、打架罵街都有可能發生。出現這種情況，要主動介入，幫助孩子提高辨別能力。

所謂的介入，並不是要氣急敗壞地譴責孩子，也不是一味「棒打友誼」，強制孩子與那些「壞朋友」劃地絕交。而先要通過和孩子聊天、與老師溝通、約孩子的朋友到家裡來玩等方式，瞭解一下那些「壞朋友」的具體情況，特別是他們為什麼會吸引你的孩子，從而有的放矢地採取措施。

舉個成功的案例來說吧。

曾經有一位父親發現兒子的手指有煙熏的痕跡，再三追問才知道，原來兒子與一個小「煙民」交上了朋友，逐漸由一個「旁觀者」發展成吞雲吐霧的「實踐者」。父親多次講解吸煙危害，甚至「動武」要他與小「煙民」保持距離，可兒子仍然與其藕斷絲連。

後來，父親和孩子的舅舅說起了這件事。舅舅在醫院工作，很快就

帶這個孩子參觀了醫院的呼吸科病房，從窗外看着病人咳嗽不斷、呼吸困難的樣子，孩子頓感驚詫與恐懼。舅舅只告訴孩子一句話：這些人患病的原因很多都是吸煙引起的。從此，孩子再也不與小「煙民」來往了。

長篇的說教，遠不如讓事實說話來得有效。你的孩子不是崇拜那個男孩兒會「拳腳」麼，那就帶他去看真正的武術訓練，甚至可以讓他參加一些武術訓練班。我相信，當他見識到真正的功夫後，恐怕再也不會對那個男孩兒的花架子有什麼崇拜，自然也就疏遠他了。

此外，有些家長以成績好壞作為給孩子定下的交友標準，也是值得商榷的。

誠然，與成績好的學生交友會有利於提高成績，但若所有父母都以此來干涉孩子交友，您的孩子相對於更優秀的學生也是「差生」，跟他交往自然會影響人家的成績，人家怎麼會跟他交朋友呢？

# 45 羅密歐與朱麗葉效應：
## 孩子「早戀」怎麼辦？

早戀，也有叫做青春期戀愛，指的是未成年男女建立戀愛關係或對異性感興趣。在中國，一般指 18 歲以下的青少年之間發生的愛情，特別是在校的中小學生為多。

　　其實，「早戀」這個詞，本來就是中國人創造出來的，帶有長輩一方的否定性感情色彩。在西方文化中並沒有這個概念。嚴格來說，這個詞只是用來壓制孩子的一個經不起推敲的理由。

　　對於孩子來說，在學習、生活上遇到問題的時候，他們更願意跟同齡人傾訴。有個比較談得來的異性朋友對他們來說，是一件非常自然和值得開心的事情，而到了青春期以後，他們對異性產生興趣是很自然的事情。

　　但是一些父母不瞭解孩子的特點，只要男女生經常在一起，就先入為主地認為是「早戀」會影響學習成績，就要採取「專政」，要麼恫嚇威脅，要麼全面管制。然而，這樣做只能適得其反。

　　首先，壓制打擊只會使問題變得更加糟糕。

　　您的女兒與一個男同學聯繫密切，可能只是一種友情和朦朧的好感。而她受到的高壓，反而有可能使她真的把這種友情當作是愛情。

　　原因很簡單，青春期的孩子因為好奇心和個性的互補，在異性交往中獲得友誼和滿足感。但一旦這種交往受到外部干涉甚至明確反對，認知出現了不平衡，只好把內在的情感因素升級，以解釋雙方的交往，使自己的認知重新處於平衡狀態。這時，孩子就可能把滿足感解釋為雙方的「愛」，從而誤認為自己已經墜入愛河。

其次，高壓政策有可能會適得其反。

美國社會心理學家布萊姆在一個實驗中，分別讓被試面臨 A 與 B 兩個選項。在低壓力條件下，另一個人告訴他：「我們選擇的是 A 項。」在高壓力條件下，另一個人告訴他：「我認為我們兩個人都應該選擇 A 項。」

結果發現，低壓力條件下，被試實際選擇 A 項的比例為 70%，而在高壓力條件下，只有 40% 的被試選擇 A 項。

由此可見，無論是什麼選擇，在自願條件下，人們會傾向於增加對這個選擇的好感；反之，在被強迫的時候，便會降低對選擇對象的好感。

包括孩子在內，每個人都願意對自己的行為擁有控制權，而不喜歡有人限制他們的自由。當自由受到限制時，他們會採取對抗的方式來保持自由，消除不舒服的感覺。

你強迫自己的女兒與那男同學斷絕關係，可能使孩子可能從本身還比較理智的狀態變成不理智，變成子女和父母的一場戰爭，她在高度的心理抗拒之下，會傾向於做出相反的選擇，不但不放棄，還會增加對對方的依戀程度。

早在 1972 年，美國心理學家德瑞斯科（R. Driscoll）曾經調查了 91 對夫婦和相戀 8 個月的 41 對戀人，發現父母干涉程度越高，戀人之間的關係反而更緊密。他們借用莎士比亞的戲劇名，把這種現象稱為「羅密歐與朱麗葉效應」（the Romeo and Juliet effect）。

正確的做法是先冷靜下來，不要說與男生一定會影響學習，或者對方有多麼糟糕。如果這樣告訴孩子，勢必會使她的內心承受分裂性的痛苦。畢竟，孩子開始對異性產生好感並進行交往，這實際上標誌孩子在成長。

然後，可以通過交流，幫助孩子分清對人的好感、友情、愛情和婚姻都是各不相同的事情，可以提醒她，愛情不僅會使女生在學習上退步，也會使男生的行為像個傻子，這都是為愛情讓路。

新聞報道、電影片段甚至是廣告，都可以引出這方面話題。稍微留意一下，就可以隨時拈出這些例子，找到機會與他們討論如何定義一段健康的戀愛關係，要向他們指出虛擬時空和現實世界不同的地方，並討論不同的原因以及不同的後果。

2006 年諾貝爾文學獎得主土耳其作家奧罕·帕慕克（Orhan Pamuk），曾經向人們講起過自己的一段「早戀」經歷。在這個經歷中，我們可以看到一位父親如何成功處理這個問題。

奧罕·帕慕克年少時在一所私立學校上學，與一位叫依絲米忒的女孩陷入了情網。

他的異常舉止，使父親察覺到兒子一定有了心上人。但是父親並未急於「棒打鴛鴦」，而是挑選了一個晚上單獨與帕慕克進行了交流。父親直言不諱地問道：「告訴爸爸，你喜歡的那個女孩子叫什麼？」

帕慕克怔了片刻，隨即交代了整件事。父親聽了後說：「還是到此

為止吧，聽爸爸的話。」

帕慕克辯解：「爸爸，是她主動……」

「奧罕，你還太小。」

帕慕克反抓住了父親當年只有 17 歲就和媽媽戀愛的把柄，並得意地等著父親妥協：「太小？爸爸，我已經是 19 歲的男子漢了，而你當年只有 17 歲不就和媽媽相愛了？」

「你說的沒錯。可是你知道嗎？我 17 歲時已經在葡萄酒作坊當釀酒師了，每月能拿二萬里拉。我是說，我當時已經能夠為愛情埋單。你現在一個里拉都掙不到，憑什麼心安理得地談戀愛？」

帕慕克一聲不吭。父親繼續說：「奧罕，你想想看，一個男人，如果沒有經濟基礎，不能為他的愛人提供必要的物質保障，如果你是女孩，你會怎麼看待這樣的男人？兒子，我告訴你，我一直認為，一個男人，如果不能自食其力，哪怕他 40 歲甚至 50 歲，都不配談戀愛，談了，就是早戀……相反，只要他立業了，有了掙錢養家的本事，哪怕 15 歲戀愛也不算早戀。」

成名後的他多次提起當年這件事，並坦言感謝父親當年「溫柔地扼殺了一種愚蠢而羞赧的情緒」，讓自己沒有虛度青春年華。

父母有責任幫助孩子把握交往的對象，並教會孩子處理這種關係的具體策略。孩子如果交了一個家庭和睦、學習好的孩子，雙方交往可能對學習還有促進作用。

但如果孩子交了不愛學習的朋友，無一例外，學習都變得退步起來。可以先瞭解一下：「有人開始追求我女兒了，做媽媽的很高興，但是我不清楚他是個什麼樣的人，你是怎麼來處理這種情感的？」出於對父母的依賴和取得諒解的考慮，相信孩子不會隱瞞雙方的交往。

　　可以鼓勵孩子在學校多交往，多交流學習上的問題。因為在學校有老師，孩子之間相互聊聊天，緩解一下學習的壓力，有一點親密感，實際上是有益於學習的。如果放學後男孩再相約活動的話，可以瞭解一下活動的地點場合，保證孩子的安全。

# 46 心理斷乳：
## 怎樣避免孩子成為「啃老族」？

鄰居家有個兒子，大學畢業一年多了，卻不上班，長期住在父母這兒，吃用都是拿父母的。父母對此很焦慮，知道不是長久之計，但是卻無計可施。這種情況，就是典型的「啃老」。

　　說到「啃老」，其實並非中國獨有。在法國，1998 年就已經出現了「袋鼠族」的說法。在美國，根據哈佛大學住房研究聯合中心（Joint Center for Housing Studies）發佈的調查報告顯示，截至 2001 年，約有 400 萬年齡在 25 至 34 歲的年輕人仍與父母住在一起。

　　有一個笑話形容了這些人的心態。有一對白領夫妻工作沒幾個月就辭職把家還。他的朋友問他們：「回去咋辦？」丈夫回答：「啃老。」朋友再問：「將來生了孩子誰養？」

　　妻子說：「老的養。」

　　朋友繼續追問：「老的過世了咋辦？」

　　丈夫和妻子對視一眼，齊聲回答：「啃小。」

　　這股遍及世界的「啃老」潮流之所以產生，大家首先想到的自然是經濟的發展，使父母擁有充裕的經濟能力和相對寬敞的住房，可以讓子女來「啃」。但是從心理學的角度來看，「心理斷乳」障礙卻是最關鍵的因素。

　　一個人的成熟，需要經過兩次斷乳：第一次是生理上脫離對母乳的依賴；第二次則是擺脫家庭的照管和扶持，成為一名獨立的社會成

員。後一種脫離被稱為「心理斷乳」。它不像實際斷乳那樣有明顯的界限，具體時間可從童年期一直延續到成年期。

在目前中國的很多家庭裡，儘管孩子與母親的連接臍帶一出生就已切斷，但是孩子與父母間的那根心理「臍帶」卻長期存在，結果讓雙方成了心理上的「連體人」，彼此的權利與責任界限模糊，變成「我就是你，你就是我，我的就是你的，你的就是我的」。

這樣導致的後果，就是「周瑜打黃蓋，一個願打，一個願捱」：一方面，父母認為自己一生的努力目標就是孩子的幸福，心甘情願被「啃」；另一方面，孩子心安理得地「啃老」，視之為理所當然。這就是出現「心理斷乳」障礙的根本原因。

嚴格來說，出現這種障礙，父母應該要負相當一部分責任：是他們獨立意識的缺乏，或者說對孩子的依賴意識，培養了孩子對父母的依賴意識。「啃老」，也就成為順理成章的結局。

英國劍橋大學社會心理學家、《成熟的神話》一書作者特里·阿普特（Terri Apter）指出，歐洲的研究表明，獲得父母大力支持的年輕人往往更加樂觀、更有抱負，在事業選擇上更大膽。但是，如果父母給予了太多的支援，最後的結果也許是子女們依賴成性，覺得一切都是應該的，最終父母只能是毀了自己的退休計劃。

要解決「啃老」問題，必須要兩代人共同進行心理自救和互救。

首先，父母要通過自我心理調整，真正切斷與孩子之間的心理臍帶。即使親情再濃，他們與孩子也是彼此獨立的，父母的責任是有限

的，義務也是有限的，能力更是有限的。中國古人説：兒孫自有兒孫福，莫與兒孫做馬牛。説的就是這個道理。

其次，孩子長大成人了，身為父母就不要再扮演強者和保護者的角色，而應該讓孩子意識到父母並非無所不能，而且正在變成弱者和被保護者。必須實實在在地把孩子當大人對待，實際上他已經長大成人了。你得給予他自由，鼓勵他獨立。只有這樣，才能促進孩子的心靈成長，使其成為強者。但是同時，父母也不要把一切希望寄託在孩子身上，而應該獨立安排好自己的生活。

在這個心理調整過程中，最痛苦的一環莫過於拒絕，即明確而堅決地拒絕孩子的經濟要求。當然，拒絕對孩子的補助可以逐步進行，但每一步都要堅決。只有如此，才是自救互救之道，促進孩子自食其力。

對孩子來説，啃老的實質是害怕心理「斷乳」。心理「斷乳」也許痛苦，但卻無法逃避。為此，必須調整認識，知道人首先是生存，然後才是發展，自己養活自己已經是最大的成功。要勇於挑戰自我，從而激發自立的潛能。

在這個過程中，父母可以把自己的奮鬥歷程給孩子談談。雖然，今天的父母可能是成功富有的，但他們也是先讀書，然後好不容易找到工作，手頭十分拮据，入不敷出。必須讓孩子知道：所有人都要經歷這樣的過程。

在讓孩子獨立的具體方式上，父母可以鼓勵孩子逐步前進的策略，幫助他們行動起來。比如説，馬上和孩子一起制定一份計劃，明確他

們如何實現自己的人生理想，同時怎樣賺錢，什麼時候開始獨立生活。如果給孩子經濟幫助，那麼這必須當作一筆投資來要求，而投資必須要求有計劃有步驟地達到目標。

再比如說，要求孩子從承擔家務開始做起，讓他們分擔做飯、打掃房間等家務；然後，讓他們走出家門幫助做一些力所能及的事情。接下來，鼓勵他們嘗試一些短期的工作，並進一步謀求比較理想的長期工作。在這個過程中，每一步小成功都會不斷自我強化，使孩子在自立的路上一步一步地走下去。

# 47 禁果效應:
## 如何對孩子進行性教育?

在孩子成長的過程中，他們會問許多或瑣碎或嚴肅的問題。在這些問題中，最讓父母感到棘手的無非是兩個話題：性和死亡。

跟孩子談性可能很困難，但這很重要，因為這是孩子健康成長的必要一課。在今天，網絡已經普及，性的話題在網絡和電視等媒體中也經常出現，但是媒體傳播的信息未必適合孩子接受。從父母和學校那裡獲得正確的性教育，是孩子應享受的權利。

孩子對性問題的興趣，絕不是在他看限制級影片之前才萌發的。嚴格說，當孩子一出生剛剛吃奶時，性教育就已經開始了，並且在此後洗澡、換衣服的過程中持續。有研究指出，孩子學會爬行後不久，他就注意到了生殖器的存在。

在兩到三歲之間，孩子會經歷一個特別關注性徵的好奇階段。他們會提出許多這方面的問題，比如男孩跟女孩的區別、為什麼男孩站着小便而女孩卻蹲着感到不解，他們甚至會好奇如果小雞雞沒有了會怎麼樣。

對這些問題，只需要在合適而且比較自然的機會，用事實來回答。可以講講人體構造和男女兩性身材構造上的差別，並給予孩子們一些美學教導。要讓孩子明白，正是生殖器官結構上的不同，長大後女孩子可以生寶寶，而男孩子卻不行。另外，還得讓孩子相信，他的小雞雞不可能自己掉下來。

如果父母對性和裸體抱有清晰和健康的態度，那麼孩子的這類問題很容易回答。如果家裡既有男孩與有女孩，或者孩子能看到異性的孩子

如何上廁所和洗澡，那他的好奇心就容易得到滿足，不再滿腹疑惑。

要知道，孩子們一方面無比缺少這方面的學問，另一方面卻又對此十分好奇。假如沒有準確渠道取得這些學問，他們就會去尋覓其餘道路，從而輕易誤入邪路。

在心理學上，有一個「禁果效應」。「禁果」一詞來源於《聖經》，講的是夏娃被神秘的智慧樹上的禁果所吸引，偷吃了禁果，後來被貶到人間。這種禁果所引起的逆反心理，稱之為「禁果效應」。

說到性，荷蘭可謂聲名遠播，地球人都知道阿姆斯特丹有紅燈區和合法的色情交易。不過官方數字顯示，荷蘭未成年少女懷孕率是千分之五點三，為歐洲最低的國家之一。墮胎率和性病率，荷蘭也是很低的。

相比之下，英國的少女懷孕率比荷蘭高出近百分之四百，而墮胎率會更高。這種差距，相當程度來自於對性採取的態度和教育措施。

回答孩子的問題要簡明扼要，他們問什麼你就答什麼，沒有必要提供更多的細節。他們可能通過支離破碎的信息，拼湊想像出一幅可笑的場景。

如果你含糊地告訴他，他是爸爸在媽媽肚子裡種下一顆種子才出生的，那麼他可能會找來葫蘆種子，要求媽媽給生一個葫蘆娃。父母需要主動的問孩子一些問題，以發現孩子認識上的誤區並加以糾正。

六歲的孩子說要娶隔壁小姑娘，父親半開玩笑地問他：「你們認真

地考慮過了嗎?」

孩子:「當然!」

父親又問:「怎麼去上學?」

孩子回答:「我們都有自己的自行車。」

他耐心地解答了父親的所有問題,最後父親問兒子:「結婚了有孩子怎麼辦?」

孩子輕鬆地回答說:「我們暫時不打算要孩子。如果她下了蛋,我就把它踩碎!」


有些父母會和您一樣,對給孩子解釋性與生殖感到猶豫,擔心孩子再也無法像以前那樣「單純」了。但是性知識對於孩子來說非常重要,而且只要多回答幾次這類問題,就會漸漸習慣。孩子會時不時地問一些很尖銳的問題,不要企圖用道德的說教來說服他們,要採用開放的態度進行溝通。

在歐美國家,父母會給孩子避孕的教育,父親甚至在男孩約會前為他準備避孕套。但在中國的文化背景下,這樣做需要慎重,會給孩子帶來很大的心理衝突和壓力。

但是,女孩子的父母卻一定要告訴她這方面的知識,開誠佈公地討論性病和懷孕的可能,教會孩子如何說不和何時應該說不。這並不是一個碰運氣的遊戲。醫院裡每一個懷孕流產的少女背後,都有一對因拒絕教育而使孩子不知如何保護自己的父母。

很重要的一點，不要忘了向孩子解釋愛在性關係中的作用。否則，任務就只完成了一半。著名的心理學家斯騰伯格曾經提出「愛情三元理論」，三元指的便是「親密」、「激情」、「承諾」，缺一不可。

親密成分（intimacy），指能促進親近、連屬、結合等體驗，並能引起溫暖體驗的情感，體現為雙方互相理解並高度關注，相互提供情感支持，期望為其改善生活福利。激情成分（passion）或稱「情慾成分」，指引起我們浪漫體驗、體態吸引、性等等驅動力。

而決定／承諾成分（decision／commitment）有兩層含義：在短期方面，是指一個人作出了愛另一個人的決定；在長期方面，是指那些為了維持愛情關係而作出的承諾或擔保，也就是我們常說的山盟海誓。

因此，父母要教會孩子全面認識什麼是「愛」，以及如何約束自己。要告訴他們，只有當心靈和身體各個部位都做好了準備，而不只是私處準備好了就可以進行性關係。一位移民美國的中國母親，記述了美國學校對孩子進行性教育的一課，對我們很有啟發意義：

年輕女教師在黑板上寫了一個大大的「SEX」，然後面帶微笑地問學生：「同學們，當你們看到『性』這個字時，你們想到了什麼？」

孩子們繼續無所顧忌地發言，女教師不停地在黑板上寫着：「做愛、姿式、流產、接吻、性感……」教室安靜下來後，女教師皺着眉頭說：「你們說了這麼多，唯獨漏掉了一個與『性』有千絲萬縷聯繫的東西……」

在孩子們竊竊私語地猜測時，女教師轉過身，一言不發地在黑板上

用力寫下了「LOVE」。她說:「愛情」是兩性之間最聖潔最崇高的感情,缺少愛情的「性」是沒有靈魂的軀殼!「性」是要以「愛」為前提的。生活中的早孕、墮胎、性病等,往往是由不負責任的性行為導致的⋯⋯

剛才還嬉皮笑臉的孩子都變得莊重起來,女教師接着告訴孩子們,性愛沒有下流之說,也沒有罪惡性,它是自然的、美妙的,但中學生過早涉足性生活對身體和學習都不利,發生意外妊娠和墮胎是十分痛苦的。

最後,女教師播放了一張介紹避孕方式的盤片,孩子們看得格外認真,那種專注的神情就像在看一幅數學三維圖。

# 48 棘輪效應：
## 怎樣培養孩子的金錢觀念？

在這個世界上，金錢不是萬能的，但沒有錢是萬萬不能的。

這句話雖然語近調侃，但反映的卻是我們和孩子都需要面對的現實。不過，並不是每一位父母都能意識到孩子理智花錢的好處。說起來，這方面的能力，真的可以幫孩子避免很多高昂代價呢。

前幾年一度流行的一句口號「再窮不能窮教育，再苦不能苦孩子」，相信被不少人當成向孩子敞開錢包的理由。只要孩子說一聲「要」，父母就能給他們買到，這並不是一件好事。不過，無論我們擁有多少財富，一定要讓孩子明白應該怎樣看待和使用金錢。

我們可以用錢給他們買食品和漂亮的衣服，但無法用錢買到有關錢的智慧，這需要付出時間和耐心。

經常有父母問，到底什麼時候應該讓孩子接觸金錢觀念呢？研究表明，其實孩子 3 歲時就能學點錢的知識了。還有學者的答案是：當小孩會說「給我」這個詞的時候就可以開始教了。

孩子越早接觸金錢觀念，就越能在長大後比其他孩子有金錢責任。美國威斯康星大學麥迪遜分校的教授凱倫·霍頓指出：小孩子養成良好的理財習慣，並不需要多強的數學能力。他們只需要理解那些基本但很重要的概念就行了。

從孩子出生時，金錢就已經與他們扯上關係。當孩子看見父母為各種項目付費，並且開始用錢在報攤或便利店進行消費，就已經模糊地瞭解了金錢的力量，它能滿足生活上的一切需要。

反而是父母經常忽略這一點，誤認為金錢觀念就是討論投資和儲

蓄等等，或者認為不讓孩子接觸金錢觀念，可以使他們更專注於學習。其實這種態度不過在逃避問題。

對一個孩子來說，他需要從小知道金錢觀念包括四個方面：收入、支出、財產與負債。

我們都知道洛克菲勒，因為這是美國財富的標誌。儘管這個家族富甲天下，但從未放鬆對孩子的教育：

小洛克菲勒有五個孩子，從七歲開始，每週只可以領到三角錢「津貼」，但必須還要分成三部分：自己花、儲蓄、施捨。每當孩子領津貼的時候，小洛克菲勒還會給他們發一個小賬本，讓他們用來記載每一分錢的用途和時間，因為每項開支都要有理由。週末進行檢查，如果哪個孩子漏記了一筆賬，就罰他五分錢。而記錄無誤的那個則可以得到五分錢的獎勵。

把每個消費項目做記錄，這其實就是預算消費的起步。孩子一般喜歡模仿父母，開始時，可以讓他觀察大人怎樣把消費項目一筆筆地記錄下來。

俗話說：「喊破嗓子，不如做出樣子。」一個好榜樣是至關重要的，如果父母沒有金錢紀律，孩子就不可能會有金錢觀念。同樣的道理，若父母沒養成消費的預算習慣，孩子不可能會做同樣的事情。

在消費心理中，有一個著名的「棘輪效應」：它是指人的消費習

慣一旦形成就具有不可逆性，而且很容易向上調整，不容易向下調整。特別是在短時間內，即使收入水平下降，消費是不可逆的，其習慣效應非常大。

明白了這一點，也就知道了何以要教孩子學習區分需求、慾望和願望，為未來明智消費觀念做準備。

在今天這個消費時代，如果孩子只懂得如何花錢，鋪天蓋地的廣告鼓吹消費帶來的愉悅感，會影響孩子們的消費觀，很容易使他們花錢大手大腳。如果出現這苗頭，也怪不得學校，因為學校即使教理論，也無法讓孩子從實踐中認識。

在給孩子日常的零用錢時，必須對用錢的項目加明確，並說明對消費項目的標準和衡量，而且孩子也要認同這些項目和標準。比如說好是用於午餐錢和車費，但如果發現他不吃午餐或者走路回家，就需要瞭解他想把省下來的錢用於何處。

孩子如果有其他消費要求，也需要量入為出，有所規範。特別是一些大筆的消費開支，必須和父母商量。如果得到認同，可以支付全部或部分費用。在孩子要用自己的零用錢和儲蓄進行支付時，也要要求他必須有適當合理的安排，比如說購買 IPAD 或名牌包是否合理。


富蘭克林‧羅斯福是美國歷史上唯一連任四屆的總統。他不僅治國有略，而且教子有方。在錢財的支配上，他絕不讓孩子放任自流。

有一次，他的一個兒子在一次旅行中買了匹好馬，卻沒有了回程的

路費，便打電話要求父親幫助。父親回答說：「你和你的馬游泳回來吧！」最後，兒子只能賣掉馬，買票回家。從此，他記住了不能無計劃用錢的道理。

對於不必要的消費，不要告訴孩子付不起錢，而一定要提醒孩子權衡它的價值。如果你告訴孩子你買不起，那麼下次孩子看見你買其他貴重的非必需品時，就會困惑。

可以從定期給孩子的零用錢或者節日收到的利是中，強行扣下一部分用於存款，從先期的強迫到孩子自願，每次都存一部分，幫孩子樹立起將可支配收入分成儲蓄和消費兩項進行管理的理財理念。注意不要拒絕孩子需要支取部分存款的需求——這樣可能導致他們再沒興趣存錢。

要告訴孩子理財相對於消費的意義。你可以解釋和演示存錢能賺取利息的過程。讓孩子在銀行開個戶口，存一些錢進去，然後通過計算利息，來認識錢在複利的基礎上能快速積累。

可以嘗試讓孩子記一些自己要達到的財務目標，幫助培養他們的獨立性。孩子自己做出的消費決策無論是否合理，都能從中受益。幾乎每個玩具都能成為他們所努力的目標。

有個故事說，一位神父到了天堂，發現天堂的一隅堆積了各式各樣的禮物，從豪宅名車到鑽石，應有盡有。神父問：「這些禮物為什麼沒

有主人？」

聖彼得答：「因為人們祈求了，上帝也應許了，可是人們往往等不及就改了願望，於是這些禮物也就永遠送不出去。」

沒有目標的孩子很少能達成所願，而有了目標又動輒改變的孩子，結果也好不到哪裡去。

在你孩子足夠大的情況下，禁止他申辦信用卡反而可能激起他的逆反心理，可以為他申辦一張信用卡副卡（主卡當然由父母持有，主卡可限制副卡的消費金額），以培養孩子先消費後還款的理財理念。

當然，你也可以告訴孩子你做了哪些投資，告訴他什麼叫「資產配置，分散風險」，比如你買黃金和房地產並在銀行有定期存款，為了讓資產更安全。也可以向他解釋投資股票的好處，以及股票是如何運作的，甚至可以讓他參觀一下你買賣股票的操作。

另外，在孩子的理財課堂中，不可缺少義務與慈善的元素。在體驗理財的同時，也能讓孩子學習承擔社會責任。

財富如水。如果是一杯水，可以獨自享用；如果是一桶水，你可與家人分享；但如果是一條河，就必須要學會與人分享。告訴孩子稅收是怎麼回事，我們為什麼要納稅；教他每年一次性或是按月捐獻出一筆資金到慈善項目中。

如果你的孩子對數字特別敏感，並且對投資瞭解得比你還清楚，那麼，為什麼不考慮把他培養成下一個索羅斯呢？

擔心孩子因為上網而影響學習或身體，是很多家長的共同憂慮。不讓上吧，在今天的這個網絡時代似乎有點說不過去；讓他上吧，往往因為喜歡上網聊天交友，自己難以控制上網的時間，嚴重的甚至會影響學習和健康。

孩子有着天然的、自發的積極探索外部世界的心理傾向。面對新事物——上網，他們當然是趨之若鶩。上網聊天、交友、網戀無疑是他們獲得理解的最好方式。而他們的心理不成熟，對一些不健康的網站和遊戲常常抱着好奇心去看，結果一發而不可收拾，並且會沉溺其中難以自拔。

但是，雖然網絡上存在着不良因素，但我們並不能因此就把孩子上網當成洪水猛獸，即使是喜歡上網聊天也有其有益的一面。上網給孩子帶來的好處，已經被心理學研究所證明。

美國加州大學的心理學家阿德瑞娜‧馬納戈，通過研究現在流行的社交網站 Facebook 和 MySpace 發現：青少年用戶在網上會明顯美化自己，不過隨後在生活中他們也會努力變得更好。

阿德瑞娜認為，多數人竭力使自己在網上顯得更加光彩照人，比如放上用 Photoshop 等軟件修飾過的照片，誇大自己的成功等等。由於社交網站可以「切掉」所有多餘的東西，創造完美的形象，青少年所固有的自我欣賞和一定程度的自戀情結，在虛擬世界中得以膨脹。

從心理學上來看，人本能地美化自己，進行「自我呈現」，這沒什麼不尋常的。然而，網絡的普及把自我包裝推到了一個全新的水平。

特別是對於青少年來說，虛擬世界可能極大地動搖青年人對自己的評價，因為他們會本能地比較自己和周圍的人。一旦他們在網上塑造了一個理想的形象，那麼現實中的自己顯然就相形見絀。不過，這卻是一件促進他們進步的好事情。

加州大學洛杉磯分校心理學教授帕特里夏‧格林菲爾德，在《應用發展心理學雜誌》上的一篇文章中指出，在互聯網上生活的青少年，網絡成為他們自我發展的工具。

英國一家調查公司「互聯經歷」首席執行官保羅‧哈德森說：

孩子們對互聯網有一種強烈的情感依賴，這一事實通常被認為有負面影響，但事實上對於這一代大部分社交生活在網絡上開展的人來說，這再自然不過了。就好比如果年長的人不能用電話，他們也會感到難過和孤獨。

虛擬世界創造的新的理想的人，可能很快就會開始影響現實中的人。由於心智的可塑性，青少年會下意識地向網絡創造的形象靠近，按照網絡創造的形象成長：他們盡力提高自己的成就，甚至做整容手術以符合網上修飾過的照片，在網上吹噓過的事情，他們也可能在生活中實現。總之，互聯網也能培養人，造就人。

有一句流行的話叫：在互聯網上，沒有人知道你是一條狗。換一個角度來看，一條狗也會在互聯網上表現得像一個成功的紳士，進而

在生活中也努力向這個方向表現。

由於學習壓力大，精神長期緊張，孩子在現實生活中人際交往經常出現障礙與困惑，處於一種生理和心理苦惱期，精神長期受壓抑需要一條途徑加以宣洩。而上網無疑是較為理想的途徑。

互聯網對孩子來說也並非完全有弊無益，我們不應該完全限制孩子上網，而是應該進行有效的引導和管理，鼓勵孩子通過網絡尋求更多有利於自己成長的方式。只要合理引導和控制，完全可以讓網絡成為孩子成長的助力。

至於怎麼引導和管理，你只要上網查一下，就可以找到很多網絡防護工具。這些工具，完全可以讓你有辦法監督孩子上網內容，控制孩子的上網時間。這是家長的責任。

儘管如此，我們也絕不應該剝奪孩子從網上獲得信息、朋友和快樂的權利。再說了，孩子正處於容易產生逆反心理的時期，不讓他在家上網，他也許就會用自己或朋友的手機上網，再不行，他就會跑到網吧去。在今天這個網絡時代，又怎麼能長久地把孩子與網絡相隔離呢？我的建議是，把互聯網都看作是孩子的一種食物，只需要控制好「數字卡路里」的攝入量，別讓孩子吃過量就是了。

# 50 Google 效應：
## 孩子應該怎樣利用網絡信息？

兩千多年前，古希臘哲學家蘇格拉底曾經告誡人類，通訊交流方面的技術進步，對人類的記憶力有負面影響。兩千多年後，久負盛名的《科學》雜誌最新研究表明，Google 等搜索引擎對人的記憶力是有害的。

在一個實驗中，使用 Google 並相信他們搜尋的內容能夠儲存下來的被試，比起那些認為搜尋的條目可以刪除並不再獲得的被試，在回憶這些條目方面表現要糟糕。換句話說，因為 google 為人們提供了一個輕鬆獲取信息的方法，人們在從 Google 採購智力時往往漫不經心，甚至告訴他們記住那些搜尋的條目時也是如此。

於是，人們把 google 等搜索引擎對記憶的這種影響，稱為「Google效應」。

研究人員說，「Google 效應」並不總是負面的。搜索引擎的出現和發展，是人類記憶的一種自適應性使用。計算機和網絡，成為我們的外部記憶系統，隨時從中採集有用的信息，可以解放人類有限的注意力，以用於更多的發明創造。

然而，對於人類特別是孩子來說，如果過分依賴從搜索引擎獲取答案，在記憶方面會表現得不夠勤奮。那麼「Google 效應」就可能會讓記憶力生銹，也就意味着大腦得不到應有的開發。

為了改善這方面的影響，可以用以下的幾個方式來加以補償。

第一，保證孩子充足的睡眠。科學家已經發現，睡眠可以幫助鞏固記憶，將記憶存進大腦以便我們日後取回。現在，新的研究表明睡

眠同樣可以重組記憶，挑選出情感的細節並將記憶重新配置，從而幫人們產生新的創意。

第二，保證孩子大腦的營養補充。人的大腦中 50%-60% 都是脂肪，這些使神經細胞隔離開來，神經細胞隔離得好，工作得更快。所以，給孩子補充富含大腦需要的脂肪和其他營養的食物，對他們的記憶力非常有用。這些食物包括魚（特別是沙丁魚，大魚和野生鮭魚），還有水果和蔬菜。

雞蛋是比較理想的早餐，雞蛋富含維生素 B，可以幫助神經細胞消化葡萄糖和抗氧化劑保護神經系統，其中所含的脂肪酸幫助神經細胞在最佳的速度上工作。

第三種方法，也是最直接的辦法，那就是隨時清除瀏覽器的緩存。瀏覽器都可以在上述的實驗研究中，如果告訴被試需要刪除 google 搜尋信息，被試的表現明顯優於那些信息可以儲存下來的被試。可以讓孩子關閉瀏覽器的歷史記錄功能，或者禁用預測搜尋功能，因為這讓孩子意識到，以後要找到這些信息會難上加難。

除了對記憶力的影響之外，因為網上的信息無處不包，搜索引擎快捷簡便，使孩子可以直接使用分門別類封裝好的信息，而不需要自己研究和思考找到答案。

當一篇有點深度的文章擺在面前，無論它多麼有價值，孩子都會抱怨說它「沒有用」，因為對他們來說，「有用」的是那些針對具體問題的信息。長久下去的話，孩子必然會思維惰怠，失去不少思考和

記憶能力。

　在這方面，父母只需要經常讓孩子離開網絡和快餐讀物，閱讀一些有挑戰性的書——能集中注意力並且刺激智慧思維的書。

　這類書不僅能改變孩子對世界的看法，並且其中嚴謹文雅的思考和表達方式，也會讓孩子受益匪淺，而且它對大腦的刺激和開發，也遠遠超過任何一篇網絡小說。

# 第六部分

# 別讓小毛病變成大麻煩

# 51 100% 理論：
## 孩子丟三落四怎麼辦？

曾經有一位朋友向我抱怨說，他的兒子已經上小學二年級了，卻總是丟三落四。每次等到寫錯了，才發現沒有準備橡皮；鉛筆折斷了，才發現沒有準備削筆刀，一會兒拿這個一會兒拿那個。

一旦做起作業來，也是經常不按照順序做，也不寫題號，根本弄不清是哪道題，所以有些題經常會做錯或漏做。有時候，甚至完全不知道老師都佈置了些什麼作業。

這個孩子的問題，歸根結底是條理性比較差。我不知他在生活中也是這樣丟三拉四，不懂得安排和規劃。如果真是如此的話，做父母的就要好好反思一下了。

沒錯，需要反思的其實是父母。有問題孩子就有問題父母，孩子做事沒有條理，往往是父母一手包打天下造成的。在孩子還小的時候，做起事情來肯定會笨拙混亂而且沒有條理，這裡父母往往缺乏耐心，覺得與其讓孩子做事，搞得亂七八糟的，還不如直接幫孩子做更省時省力。

父母太主動，凡事親力親為，包辦代替，過度「操心」，不給孩子主動打理的機會，這種「越俎代庖」導致了孩子的依賴性，使孩子失去主動性。父母的這種「勤勞」，實際上正是懶惰——懶得培養孩子自理的能力。

有些孩子都上學好幾年了，父母仍然是每天吃什麼、喝什麼都給他準備好，甚至連刷牙時的牙膏也給他擠好了。上學前把書包、用具全準備好了，直接替他揹着送到學校，書包裡裝什麼，恐怕孩子自己

都不知道。

這種包辦代替恰恰剝奪了孩子鍛煉的機會，時間一長，孩子養成了依賴的習慣，不願意主動做事、想事，惰性越來越強，在做事時何談規劃和條理性呢？

對孩子，不能只着眼於做作業這一件事情。這樣做只是頭痛醫頭，腳痛醫腳，很難有根本的改觀。要在生活中的各方面放手，要讓孩子自己學着照顧自己，自己安排自己的生活和學習。就像有句話說的：漢字是教不全的，但查字典的方法是可以學會的。

父母不要手太勤，忍不住幫孩子去做，要學着做一個懶媽媽，甚至可以讓孩子適當幫父母做點家務，這樣孩子就會慢慢變得能幹起來，條理性也會越來越好。

在發達國家的家庭裡，父母普遍都重視從小培養孩子的自理能力。父母從孩子小時候就讓他們認識勞動的價值，讓孩子自己動手修理、裝配摩托車，到外邊參加勞動。即使是富家子弟，也要自謀生路。農民家庭要孩子分擔家裡的割草、粉刷房屋、簡單木工修理等活計。此外，還要外出當雜工，出賣體力，如夏天替人推割草機，冬天幫人鏟雪，秋天幫人掃落葉等。

有位農場主，叫孩子每個假期都在牧場上辛苦工作。有朋友對他說：「你不需要讓孩子如此辛苦，農作物一樣會長得很好的。」牧場主人回答說：「我不是在培養農作物，我是在培養我的孩子。」

在心理學上有一個「100% 理論」，是說如果所有事都是媽媽做

了，孩子就不用做了，如果父母有 20% 不做，孩子就能完成 20%，如果我們要 80% 不能做，孩子就能做 80%，孩子的潛力也能爆發 80%。

如果大人都幫孩子做了，孩子的成長機會實際上就給父母剝奪了，孩子的潛力就一點也發揮不出來了。授之以魚，不如授之以漁，在孩子做事的過程中，父母可以適當指導孩子做事的順序和條理，比如教會孩子先做什麼，後做什麼，要事先準備好什麼等。

有一個母親這樣介紹自己的經驗：

雖然她每次返校時我和她爸爸都會有些擔心什麼事情她忘了，又要我們跑一趟，但我們不會幫她收拾東西，只叮囑她一句：好好想想，把東西都帶全了。這樣堅持一段時間下來，她就很少丟三落四的了，自己能把該帶的東西都收拾妥當。我看她專門弄了個小本，把要做的事一樣樣記下來，臨走前再翻一次，看看有沒有什麼事情沒做。

中國有句俗話叫做「一法通，萬法通」，當孩子在吃飯睡覺、刷牙洗臉這些小事兒上變得有條理了以後，做作業丟三落四的缺點肯定也會慢慢克服的。

英國教育家史賓塞建議，把要教給孩子的東西分類，比如品格、習慣、健康、語言學習、運算等，然後擬定一個每週的小計劃，一週實施一點，日積月累就會看到成效。

史賓塞的兒子快到上學的年齡，表現得很散漫，所以史賓塞決定，從整理自己的衣物開始，在家裡開展一個比賽，看誰把自己的衣服洗得乾淨，收拾得有秩序。

　　剛開始的一兩天，兒子很有興趣，但是過了幾天他又不願去做，於是，史賓塞又在家裡掛了一個小黑板，每天把做得好和不好的人名都寫上，這下子，小史賓塞又來勁了。

　　三個月下來，小史賓塞對衣物的乾淨和整潔，由興趣變成了習慣，一個生活習慣良好的孩子，身心也在培養的過程中得到修煉。

# 52 社會促進效應：
## 孩子不愛表現怎麼辦？

孩子上學以後，上課不愛舉手發言，有上台表演的機會也不愛參與，不像一些小朋友喜歡表現自己。對這樣的問題，家長其實不必過於「敏感」，而要理性地認識這個問題。

首先，每個小朋友的性格都不同，感興趣的東西也不同，他有喜歡表現的，當然也有他不愛表現的，不愛表現並不說明信心不足，更不是有什麼問題。

其次，孩子在課堂上不愛表現，可是在別的方面表現卻可能很大方，從心理學的角度來說，這是受到了「社會促進」和「社會抑制」的雙重作用。

1898 年，美國社會心理學家特里普利特（M. Triplett）以一群自行車選手為研究對象，讓被試在三種情境下，騎自行車完成 25 公里路程。第一種是單獨騎行計時，結果表明，單獨計時情境下，平均時速為 24 英里；有人跑步陪同，平均時速為 31 英里；而與其他騎車人同時騎行，平均時速為 32.5 英里。

在有別人在場時活動效率比單獨活動時更高，這就是所謂的「社會促進效應」。它的心理機制是，別人的表現和動作可以轉換為自己的外界刺激，從而引起自己相似的心理反應和動作表現。

在日常活動中，相信許多人都有過這樣的體會：獨自一人吃飯沒滋味，幾個人一起吃飯就會感覺香甜滿口、食慾大增；幾個人一起騎車也會感覺比單獨騎車速度快，且省力多；一群人看世界盃，叫喊的音量更大，頻次更多……

不過，心理學家在後續的研究中發現，在很多情況下社會促進現象並未發生，恰恰相反，當別人在場時反而會抑制個體的表現，使其表現水平下降。

1920 年，社會心理學家奧爾波特讓 9 名被試者在不與別人競爭的正常情況下，對內容相同的短文寫出反駁意見。結果發現：從完成作業的速度上看，有 6 個人在多人一起做時比個人單獨做時要快，3 個人在單獨做時速度更快；而從完成的質量上看，所有的人單獨做都比一起做得更好。

於是，他給這種現象起一個與「社會促進現象」相對的名詞：社會抑制現象。此後 J. F. 達希爾在 1930 年發現，在有觀眾在場時，被試進行乘法運算會出現許多差錯。J. 皮森在 1933 年發現，在完成記憶工作時上，有旁觀者在場會降低被試的表現。

後續的實驗發現，背誦詩歌，寫作文，做數學題的時候，還是單獨一個人效果好一些。如果和別人一起做，或者做的時候旁人盯着看，反而會感到心慌意亂，從而降低活動效率。

那麼，為什麼在有人在場時活動效率有時增高，而有時卻會下降呢？或者就如你關心的，為什麼孩子唱歌跳舞時愛表現，而上語文課時卻不愛表現了呢？

社會心理學家發現，如果任務對一個人來說是相對簡單和常規性的任務，那麼他的操作會更快、更精確。但如果是相對複雜的、需要高度集中注意力的工作，別人的出現可能會對表現產生消極影響。

從另一個角度說，人們從事的任何一種活動，總有熟練的地方，也總有不熟練的地方。如果熟練的成份佔優勢，那麼社會促進作用就表現為活動效率的提高；反之，如果不熟練的成份佔優勢，就表現為效率的降低。

孩子對一個舞蹈練得很熟練了，那麼在有人在場的時候，她會受到鼓舞，從而極力表現自己，結果越跳越好。

但是，如果在語文學習中，她對一些課文掌握得半生不熟，那麼當老師要求她讀或背時，她就會覺得尷尬，着急，緊張，而越是這樣，手和腦子就越不聽使喚，平時略想一想就能回憶起來的詞，這時也會想不起來，就是勉強還記得的篇幅，也因為緊張而結結巴巴了。

基於上面的情況，我們可以學會利用社會促進效應的好處，同時克服它的副作用。當孩子的某種活動能夠進行得比較熟練時，就可以讓她大膽在人前顯示一番，這樣可以幫助她進一步提高活動的效率和水平，同時培養起她的信心。

如果某些項目覺得還不熟練，那就且不要強制她像其他同學那樣表現，與其逼她「獻醜」打擊自信心，不如幫助她先獨自埋頭學習，把基本功打好。

# 53 最後通牒效應：
## 孩子做事磨蹭怎麼辦？

現實生活中，有不少愛磨蹭的孩子。

他們一點都不知道時間的重要性，每天早上起來不急着穿衣服、刷牙、洗臉，以致於上學經常遲到；吃飯時也是如此，如果家長不催的話，都能吃一個多小時。寫作業時也是如此，一會兒喝水，一會兒玩橡皮，20 分鐘的作業拖一個多小時還不能完成……

在這樣的情景劇中，扮演配角的家長總是習慣性地一遍一遍地提醒和催促：「該寫作業了。」「到練琴時間了，別看電視了！」「快洗澡了！」但是，和一個磨蹭的孩子説「快點吧」，就像對一個抑鬱症患者説「你必須高興起來」一樣，是沒有任何意義的。

孩子做事愛磨蹭，通常的原因，一是因為他們的時間概念比較模糊，不像我們成人那樣具有時間緊迫感。他並不知道，如果把一件事盡快做完之後會有什麼好處，也不認為自己慢有什麼不好的；二是因為，他們的神經類型往往屬於安靜而緩慢型，即便是有強烈的外界刺激也是慢條斯理，緊張不起來。

另外，做事愛磨蹭還有一個原因，就是他不喜歡要做的事情。孩子一般是做喜歡的事動作快，做不喜歡的事就動作慢。如果孩子對一些事情不感興趣，但是大人強迫或是催促着去做，那就只有做慢一點，磨時間了。

替孩子安排任務和時間，孩子當然不用自己操心去安排時間完成任務了。相應地，如果想讓孩子成為時間的主人，你就讓孩子自己安排時間，如果你想讓孩子成為時間的奴隸，那你就一分一分地替孩子

安排時間。

美國麻省理工學院斯隆管理學院的學者丹・艾瑞里（Dan Ariely）和克勞斯・韋坦布洛克（Klaus Wertenbroch）針對麻省該學院三個班的學生，進行了一項拖延問題的研究，可能對我們有點啟發。

在研究中，學生都要在 12 週內完成 3 篇論文。不過，第一個班的學生被要求在第 4 週、第 8 週和第 12 週分三次各提交一篇論文，遲交會被罰分。第二個班的學生不需要分次提交，但是三篇論文都需要在第 12 週一齊提交。第三個班的學生，被要求自行設定每篇論文的交卷期限，一經確定就不准更改，而且遲交也會被罰分。

這三個班，你預料哪一個班的表現最好呢？

結果表明：被限定三個交卷時間的第一個班成績最好；只有一個最後期限的那個班成績最差；而自己設定三個交卷期限的成績在二者之間。

由此可見，要幫助孩子克服磨蹭的習慣，必須確保有一個最後期限。不規定期限就容易磨蹭，規定了最後期限就容易按期完成，人們把最後通牒的這種敦促作用，叫做「最後通牒效應」。

此外，最好把較大的任務分割為幾項較小的任務，並分別為它們設定最後期限。如果孩子發現任務的「最後一刻」總是出現在「眼下」，那麼他就會有動力提高自己的效率。

德國明斯特大學的心理學家雷德・瑞斯特指出，原則上每個人生來就是一個磨蹭的人，磨蹭程度僅僅取決於痛苦的界限，這是一種「避免－避免－衝突」模式。他和恩貝爾丁提出，三個模塊可能會幫助學

生擺脫磨蹭的習慣──準時開始、合理安排和「學習約束」的方法。

這種方法一共有五個步驟，前面兩個都是教學生為自己設定一個正確的時刻，然後在這個時刻準時行動。「合理安排」可以避免高估自己的能力。很多人相信，他們能在短得多的時間裡把一件事辦成。

「學習約束」讓學生們的學習時間範圍別太廣。一開始每天至少得有 20 分鐘時間，在那之前和之後不允許學習。只有當他們嚴格遵守這個範圍，才能在下一天把範圍擴大。恩貝爾丁說：「喜歡拖延的人總是想，再過一會兒也來得及。他們這樣想的時候，就在浪費時間。」

使用最後通牒效應，有幾種相對具體的策略。

第一，立即停止法。

有些孩子做事磨蹭成習慣了，每天都要很晚才能完成作業，睡眠時間被佔用，導致第二天上課沒有精神，降低了學習效率。

可以給孩子確定一個作業完成的最後時間，比如規定孩子九點鐘必須睡覺。到了晚上九點，即使作業還沒有完成，也立即停下來上床睡覺。作業沒完成自然會受老師的批評，明白了這一規則和後果，孩子就會抓緊時間完成了。

第二，鬧鐘督促法。

針對做作業磨蹭的情況，可以利用鬧鐘。每天根據孩子的作業總量和孩子做作業的效率，幫孩子估算出做作業需要的時間，然後讓他在寫作業之前先上鬧鐘。鬧鐘既是一種督促，同時可以讓孩子定鬧鐘學習的過程中體驗到成功感，不再把作業當作幫父母完成的任務，學

習更加自覺。

第三、把作業當成考試。

要求孩子按有關考試的要求做完作業，並且判定分數。在每次做作業前，要求他計算一下所需要的時間，將鬧鐘上好弦，將作業所需要的用具準備齊全，就像考試一樣。這樣不僅可以改變磨蹭的習慣，而且可以激發了學習興趣，可謂一舉兩得。

最後一點，就是一定要記住，當孩子做事磨蹭的時候少催促，多鼓勵。有很多父母喜歡在孩子身後不停地催促。結果，越是催促，孩子的注意力和自信心都受到影響，動作也就越慢，家長就更生氣，催促得更兇，形成惡性循環。

對於孩子的不良習慣，切不可把改善的標準定得過高過嚴格，並且一開始就硬性，半點也不通融，這樣容易形成雙方的尖銳衝突，並不利於孩子改正。

正確的做法，應該是在孩子慢的時候裝做看不見，故意淡化它，同時即時鼓勵孩子快的表現。孩子一旦比平時速度快，即刻表揚。比如：「今天穿衣服比昨天快多了！」「今天作業速度比昨天快了 5 分鐘。」「今天收拾書包比昨天快多了。」

在孩子改進做事習慣的過程中，父母要關注並提一些建議，和孩子多討論，以便他的計劃能夠更可行更科學。如果他堅持三個月以上，一定能成為一個做事有效率的人。至少，在全學校喜歡磨蹭的同學裡，他也許會成為效率最高的一個。

# 54 瑜亮情結：
## 孩子嫉妒心太強怎麼辦？

有一次，一位朋友給我講了這樣一件事。

他帶兒子到同事家玩，到了以後，兒子就和同事家的小弟弟到院子裡玩皮球，回來時，這位朋友批評兒子說：「你身上怎麼那麼髒？你看弟弟的衣服乾淨多了。」兒子很不高興地「哦」了一聲。同事給他們每人一根巧克力冰激凌，結果這位朋友發現，自己的兒子吃完後，趁那家的小弟弟不注意，悄悄用沾着巧克力的手在他身上摸了幾下。

吃完飯後，小弟弟拿出一本故事書，卻掉在了地上，朋友兒子不但沒有幫他撿起來，反而裝作沒看到，走過時在上面踩了一腳。書被踩髒了，小弟弟哭起來。

這位朋友對兒子的狀態很擔心，不知是出了什麼問題。其實很簡單，這是孩子的嫉妒心在作祟。

嫉妒心經常會和好勝心糾結在一起。不過，好勝心是要求進步、不落人後的一種心理，人人都有好勝心，這是可以理解的。但是嫉妒心不是單純的好勝心，嫉妒是發現自己在某些方面不如別人，從而產生的一種由羞愧、惱怒、怨恨等組成的複雜情緒狀態，常與羨慕、競爭等心理混在一起，就是人們經常說的「羨慕嫉妒恨」。

古埃及有這麼一則寓言。

小鳥兒問：「爸爸，人幸福嗎？」

鳥爸爸答：「沒咱們幸福。」

小鳥兒問：「為什麼？」

鳥爸爸答：「因為人心裡扎了根刺，這根刺無時不在折磨着他們。」

小鳥兒問：「這刺叫什麼？」

鳥爸爸答：「叫嫉妒。」

在三國時，孫劉聯盟打了一場赤壁之戰，周瑜和諸葛亮聯手抗曹，但是在整個合作過程中，周瑜嫉妒諸葛亮，時刻都想幹掉這位「神得近乎妖」的軍師。後來周瑜屢次輸給諸葛亮，羞憤成疾，在臨終時大呼「既生瑜，何生亮！」。後來，人們便把相互嫉妒的心理現象稱為「瑜亮情節」。

其實，嫉妒也分不同的種類。荷蘭蒂爾堡大學的心理學家尼爾斯．范德溫（Neils van de Ven）、馬塞爾．澤蘭伯格（Marcel Zeelenberg）和瑞克．皮特斯（Rik Pieters）對嫉妒問題進行研究，發現嫉妒可分為兩種：善意的和惡意的。

善意的嫉妒就好像你聽說納爾遜．曼德拉得了諾貝爾和平獎，然後決定向他學習，改善自己的品性；而惡意的嫉妒，差不多就像你去參加同學聚會，然後發現你高中時不屑一顧的那個小屁孩現在是個老闆，收入是你的 100 倍，你恨不能讓他傾家蕩產。

人們知道惡意嫉妒是不被社會所接受的負面情緒，一般不會直接表露出來，但可能與其他情緒混合在一起。它顯露出來的行為是挑剔或散佈不良言論。嚴重者可能還出現人身攻擊、誣陷、誹謗，使被嫉妒者感到壓力或痛苦，而嫉妒者則以此求得心理平衡和滿足。

據美國兒童心理學家斯坦貝格的研究，嫉妒感可能最早出現在學步前的嬰兒期。長大到學齡前的五六歲時，嫉妒會更頻繁地升上心頭。至於上學以後，由於和小朋友進行多種「比較」的機會驟然增多，他們可能會遭到更多的嫉妒的折磨，只是隨着年齡的增長，漸漸學會「掩飾」自己的嫉妒感。不過，絕大多數 10 歲以下的孩子，仍會表現出較明顯的嫉妒情緒。

針對孩子的嫉妒心理，斯坦貝格建議，當孩子顯露出其「醜陋」的一面時，不必嚴加批評指責，更不能冷嘲熱諷，因為這只能使他更多地喪失自我，更嚴重地陷於嫉妒中難以自拔。

孩子的嫉妒往往是無意識的，還沒有形成穩固的習慣，它是孩子想勝過別人但又不知道怎樣採取正確方法的結果，家長要善於理解孩子這一心理特點，與孩子平靜地交流，詢問引起他嫉妒的「背景」，引導他理清自己的想法並觀察到自己的情緒。

傾聽的時候，不妨把孩子抱在懷中。他也許會描繪説，他正體驗着強烈的不快甚至憤怒，而這種敵對情緒的起因僅是由於他的一位弟弟剛剛因為沒弄髒衣服而得到表揚。這時你不要説：「其實你比他更乖更聰明」，這在多數情況下不僅於事無補，而且還可能誘發他的攀比慾。

其實，孩子妒火中燒的時候，最需要的是向親人將自己的不安和煩躁和盤託出，希望有人能傾聽他的訴説，並理解他、體諒他。你不必加以評論，可以輕鬆地説：「呀！我還以為有什麼大不了的事哩！」

你的輕鬆和微笑可以有效地使孩子控制住自己的嫉妒心，緩和他強烈的情緒。

或許，孩子時不時冒出的嫉妒心很難被撲滅。但正如上文所講，你可以把惡意的嫉妒轉化為善意的嫉妒，轉化為激勵他前進的動力。

孩子因為得不到表揚而破壞弟弟的形象和物品，這時可以對他說：我知道你也想乾乾淨淨得到媽媽的表揚，如果你稍微注意一下，同樣可以做得很好，既能玩得高興，又不能把衣服弄髒。只要做到這一點，我就表揚你；你把弟弟的衣服弄髒了，不會得到媽媽的表揚，如果你現在把弄髒弟弟衣服的地方再變乾淨，媽媽就會表揚你。

當孩子意識到錯誤並加以改正後，自然也就不會因弄髒衣服而引發一系列不愉快了。這個辦法，是釜底抽薪的策略。

除了上面幾點，家長也要以身作則。有研究指出，生活在充滿嫉妒心的家庭裡的孩子，嫉妒心也往往比較強。作為父母，切不可在同事加薪或者升職時，出於嫉妒而在家裡對他們冷嘲熱諷甚或惡語中傷。這些看在孩子眼裡，就是一個壞榜樣。連古人批評這種作法是「聞人善，輒疑之；聞不善，輒信之，此滿腹殺機也！」

特別是當孩子說同學獲得什麼獎勵、取得什麼成績，家長不要立即批評自己的孩子不聰明不努力，也不要吹毛求疵地找出那個同學的不足來平衡孩子心理，而是要先鼓勵孩子接納和欣賞別人，並用某種方式為別人喝彩、祝福。教孩子能「聞人之善」進而「成人之美」，是使其融入社會的一個重要方法。

# 55 從眾心理：
## 孩子沒有主見怎麼辦？

在這個世界上，每個人都在思考，但並不總是善於思考。人云亦云，從眾跟風，沒有個人的主見，歸根結底就是缺乏獨立思考的能力。這種現象，在思維能力尚不發達的孩子當中，尤其多見。

每次看到有孩子人云亦云的時候，我都會想起一則笑話。

在一所國際學校裡，老師給各國的學生出了一道題：「請你們就世界糧食緊缺問題談一談個人看法？」美國學生問：「請問什麼是緊缺？」埃塞俄比亞學生問：「請問什麼是糧食？」中國學生則問：「請問什麼是個人看法？」

這則讓人笑不起來的「笑話」，的確發人深省。

那些沒有主見的孩子，像極了故事中的中國學生。他們雖然還沒有機會「抬轎進城」，卻早已成了思想上的矮子。矮人看戲何曾見，都是隨人說短長。

那麼，又是什麼原因，使我們孩子失去獨立思考的能力，沒有任何「個人看法」了呢？

首先是今天的教育體制，以應試為目標、以考試成績作為衡量學生的唯一標準，它存在的最大問題，就是不承認獨立思考。原因很簡單，只要是考試就要有標準答案，只要與標準答案不符，即使學生答得再有創造性，也不可能得高分。

從報紙上看到一則小故事，說的是法國有個教育代表團到北京的一所小學考察。他們偶然看到，考試卷中有這樣一個問題：「雪融化了以後是什麼？」

其中一個學生的答案是：「雪融化了以後是美麗的春天。」

但是，這個答案卻被老師判了個大大的「×」。

雪融化了以後變成水是科學的結論，也是標準答案。但是，雪融化了以後是美麗的春天卻是哲學的感悟。孩子以哲思來挑戰標準答案時，這種獨立思考的精神遇到的卻是當頭一棒。如果再多捱這樣幾棒，孩子還有什麼獨立思考能力呢？恐怕連獨立思考的習慣也丟掉了。

但是，孩子的未來成就甚至生命質量，都依賴於他的思考和決策的質量。在今天的教育之下，獨立思考卻成了他們無緣享受的奢侈品。網上有句俏皮話，叫做「精神病人思維廣，弱智兒童歡樂多」。它說的其實就是現實：獨立思考經常被人誤會，而不做思考只背答案，反而可能輕鬆得多。

有人會說：沒有考試那怎麼行？

他可能不知道，芬蘭的孩子只在 16 歲時有一次強制的標準化考試，但是 66% 能升入大學，比例是全歐洲最高的。而且，從 2001 年開始，在每年的國際標準化考察中，他們在科學、閱讀和數學上都達到或非常接近最高標準。

第二就是父母過於強勢和大包大攬，導致孩子沒有思考的機會和

空間。有很多父母抱怨自己的孩子沒有主見和軟弱，但是他們沒有反思，在生活中給了孩子多少思考和決策的空間呢？

很多父母在日常生活中，對孩子的口頭禪是：「你這樣不行！」「我說的話沒錯，你得聽我的！」他們認為，幫助孩子想問題做決策，包辦一切事情，目的是為了給孩子做出正確的選擇，省得他們走彎路。但是人生的路終歸要讓他們自己去走，彎路是一定會走的，只有自己做出選擇，他才能學會更聰明地決策。

這裡的區別，就好比是在外吃快餐和做飯。父母提供的決策就像是快餐，孩子只需要坐下用餐，什麼都不管就可以吃飽。它的優點在於簡單方便，但是孩子並沒有從中得到多少營養。

而讓孩子自己拿主意並決策，就像是在家做飯一樣。他必須花時間努力學習烹飪、準備材料、清洗餐具，但是一旦做好，不僅質量高，而且他還可以掌握烹飪技巧。

毋庸置疑，擁有獨立思考能力的孩子將來更易生存。但是這種能力是無法教授的，必須由他自己在實踐和練習中獲得。

導致孩子沒有主見的第三個原因，是社會壓力會導致從眾心理。當孩子受到群體的影響時，就會懷疑和改變自己的觀點，違心地和他人保持一致。

1951 年，美國心理學家所羅門・阿希（Solomon E. Asch）讓一些大學生做被試，告訴他們實驗的目的是研究人的視覺情況的。

來參加實驗的大學生單個走進實驗室，發現已經有 5 個人先坐在

那裡了。他不知道，這5個人是實驗中的「樁腳」，也就是所謂的「托兒」。

阿希拿出一張畫有一條豎線的卡片，然後讓大家比較這條線和另一張卡片上的3條線中的哪一條線等長。判斷共進行了18次。這些線條的長短差異很明顯，正常人是很容易作出正確判斷的。然而，在兩次正常判斷之後，5個「樁腳」故意異口同聲地說出一個錯誤答案。於是，許多真被試開始迷惑了。他們會如何判斷呢？

從總體結果看，平均有33％的人判斷是從眾的，有76％的人至少做了一次從眾的判斷。而在正常的情況下，人們判斷錯的可能性還不到1％。

研究發現，影響從眾的最重要的因素，是持某種意見的人數多少，而不是這個意見本身。人多本身就有說服力，很少有人會在眾口一詞的情況下堅持自己的不同意見。我們生活中經常說「群眾的眼睛是雪亮的」、「木秀於林，風必摧之」、「出頭的椽子先爛」，其實這些教條，恰恰導致孩子喪失獨立思考能力，製造了一個巨大的「羊群」。

李杜文章萬古傳，如今已覺不新鮮。法國兒童心理學家讓·皮亞傑說：「教育的目的在於培養可以創造新事物的人，而非重複上一輩已經做過的事，這些人應該具備創造力、開拓性，並善於發現。」

舉凡做了一番成就的人，無一不是成熟的獨立思考者。他們不會簡單的接受標準的答案，而是無時無刻不在獨立深入地思考、質疑，和提煉。要讓孩子有獨立思考的能力，有自己的主見，就必須教給孩

子推理思考，而不僅僅是簡單的答案。

在參與孩子的決策時，不要一手包辦。有時候，大人未必比孩子更聰明，也未必比孩子更明白面對的情勢。對於孩子的正確意見，父母應該肯定和表揚，讓孩子增強發表意見的信心。即使孩子的意見是錯誤的，父母也不要急於插嘴，而應讓他說完，然後再說「我覺得這樣不太好，因為……」

即使孩子的想法是天真的、幼稚的甚至可笑的。但是，聰明的父母會在這些不成熟的想法裡，引導孩子發現其中的問題，使他們嚐到獨立思考的樂趣。

在日常生活或遊戲中，孩子遇到什麼問題，這時，父母要耐心，不要馬上幫孩子解決問題，而是應該鼓勵孩子自己去思考，讓孩子去體驗思考的樂趣。

如果孩子實在想不出來，可以給孩子一點提示，然後鼓勵孩子多方面的去嘗試，孩子自己想出辦法，會有一種成就感，這會讓孩子終身受益。如果父母不知道問題的答案，就直接告訴孩子。這可以激發孩子的好奇心，並以自己獨有的方式，去尋找問題的答案。

從現在起，讓你的孩子做一個獨立思考、頭腦清晰、思維敏捷的人，他一定能給自己創造一個機會無限的世界。

# 56 21 天法則：
## 孩子小動作多怎麼辦？

孩子上學以後，不少家長發現，孩子寫作業時總是東摸西碰，一會兒玩橡皮，一會兒吃鉛筆，要麼咬手指，而且寫一會兒就起來溜躂一圈，到外摸摸看看。一句話，就是小動作特別多。

　　小動作有多種原因，其中分為生理性和心理性。我們要正確區分這兩者，對症下藥。

　　生理性原因，活潑好動是孩子們的天性，活潑的孩子才是健康的孩子。他們正處在身體快速成長的時期，骨骼和肌肉的耐力都比較弱，而神經系統興奮強於抑制，表現為活潑好動、精力充沛。在這種情況下，出現小動作是在所難免的。

　　不過，隨着年齡的增長、自我控制能力的增強，這種活潑好動將逐漸趨於平穩，所以不必如臨大敵。

　　從心理性成因來說，小學生年齡小，注意力不穩定、不持久，無意注意佔優勢，有意注意在發展之中。而且，他們經常會因為學習的壓力或者環境的變化，產生焦慮、緊張的情況，這時如果手中有東西把玩，會有一種安全感。

　　出於緊張情緒，孩子自己控制不了小動作。而孩子在課堂上給別的同學搗亂，因為他想喚起別人的注意，緩解緊張的情緒。時間久了，自然會對這種動作產生心理依賴。

　　因為孩子的控制力比成人差，對於這些小動作往往是情不自禁。所以「打罵」和「說理」都解決不了這個問題。在生活實踐中，一些性子急的父母，見孩子學習時有小動作，可能馬上會大喝一聲：「放

下！要專心！」結果會怎麼樣呢？家長若盯着孩子，他就忍耐着，等家長一離開，他的小動作可能更嚴重！

「你今天是怎麼了？這麼半天老擺弄它幹什麼？」父親說着，從兒子手裡奪過通知書，翻閱起來。上面有老師寫的批語：「在課堂上射彈弓，往同學的衣袋裡裝蟲子……請家長來談一談。」

父親跳起來向兒子怒吼：「你在學校裡小動作這麼多，長大會成個什麼人啊？」

「爸爸，這不是我的通知書，是我從您的舊箱子裡找到的。」

這位健忘的爸爸之所以「怒吼」，估計是想一刀斷除孩子的小動作。但這是根本不可能的。

解決的有效辦法是訓練。因為孩子的一切能力都是訓練出來的，也都是可以通過訓練得到提升的。

著名教育家曼恩說：「習慣彷彿一根纜繩，我們每天給它纏上一股新索，要不了多久，它就會變得牢不可破。」這個比喻非常形象。小動作如果開了頭，每重複一次，繩子就會粗上一些，要改掉就更加困難了。而反過來，我們要像拆散繩子一樣，巧妙而耐心地幫助孩子克服小動作。

在訓練之時，要允許孩子有適度的小動作，並鼓勵他慢慢減少。這就和開車一個道理，想要把車停下，最好的辦法先把檔從高速檔減

到低速檔，然後才能慢慢停下。

據研究，大腦構築一條新的神經通道需要 21 天時間。所以，人的行為暗示，經 21 天以上的重複會形成習慣，而 90 天以上的重複，會形成穩定的習慣。

第一階段：1-7 天，必須不時提醒孩子注意改變，並刻意要求改正小動作。因為稍一不留意，毛病就會浮出水面，讓他又回到從前。也許他會感到很不自然和不舒服，然而這種感覺是正常的。

第二階段：7-21 天，孩子已經覺得比較自然、比較舒服了，但不可大意，一不留神壞毛病還會再來破壞，讓他回到從前。所以，要繼續刻意提醒和要求他。

第三階段：21-90 天，這一階段是習慣的穩定期，它會使新習慣成為孩子生命的一部分。在這個階段，他已經不必刻意要求自己改變壞毛病。

對孩子真正的教育是自我教育，真正的控制是自我控制。只有通過訓練，調動起孩子的自信心和自控力，他才能發自內心地願意接受建議。

需要注意的是，在孩子做作業的過程中，如果遇到不會做的題目喜歡拿去問父母，問完之後再接著寫作業，再寫的時候就需要反應半天，自己剛才寫到哪兒了。剛坐下沒多久又遇到不會做的題目了，又拿去問。這樣來來回回折騰，其實不僅打斷孩子做題和寫作業的思維，而且影響孩子專心程度，小動作自然就多！

最好能教孩子如何調換順序做題，遇到不會做的題目，可以先做其他的題目，最後再做不會的題目，這樣就可以節省時間，也不會打斷孩子的思路。

另外，要多給孩子貼「正向標籤」，及時指出孩子做的好的一面，比如：「今天注意力比昨天集中多了，玩東西的次數少了。」「今天又有進步，在做數學作業時，我看到足足有 20 分鐘一直在認真做題，一點小動作也沒有。」

正面挖掘，這樣會激發孩子做得更好的動力。相信只要方法得當，孩子一定會變成一個沉着穩健和注意力集中的寶貝。這不僅能幫他完成寫作業的任務，而且能讓他在以後的日子裡受益無窮。

# 57 自我中心化：
## 孩子很自私怎麼辦？

現在，很多家長在教育孩子的時候，都很注重人格的培養。但是同時他們也發現，孩子似乎反其道而行，不懂得分享，別的小孩來家裡玩，就明確告訴人家：「這些是我的玩具，你不許玩！」有的家長就批評孩子「自私」。

可是，「自私」這樣一頂關乎道德的大帽子拋出來，只恐怕小小的孩子是頂不起。

首先來說，對於一個兩三歲的孩子來說，「自私」是正常現象，甚至是通向「分享」的必經之路，他們必須經由心智成長的歷程，才能逐漸領悟、學會「分享」。

在孩子道德發展的研究方面，法國心理學家皮亞傑（Jean Piaget）是一位有突出貢獻的先驅。通過類似的大量實證研究，皮亞傑發現兒童道德判斷能力的發展，與其認識能力的發展是互相對應和平衡發展的關係，這種認識能力是在與他人和社會的關係之中得到發展的。

他還概括出一條兒童道德認知發展的總規律：兒童的道德發展大致分為兩個階段：在 10 歲之前，兒童對道德行為的思維判斷，主要是依據他人設定的外在標準，稱為他律道德；在 10 歲之後，兒童對道德行為的思維判斷則多半能依據自己的內在標準，稱為自律道德。皮亞傑曾經和一個幼兒有過如下的一段交談，非常有趣──

皮亞傑：太陽會動嗎？

幼兒：會動，你走它也走，你轉它也轉。太陽是不是也跟過你？

皮亞傑：它為什麼會動呢？

幼兒：因為人走動的時候它也走。

皮亞傑：它為什麼要走呢？

幼兒：在聽我們說話。

皮亞傑：太陽活着嗎？

幼兒：當然了，要不然它不會跟着我們，也不會發光。

孩子的自我中心，是孩子心理發展的局限性造成的，他根本意識不到別人會和自己有什麼不同，因而不能替他人着想，不能關心別人、理解別人。這種行為是無意識的，不是有意為之的。

看到這裡，您可能已經明白了，三四歲的孩子是不懂得分享，而不是不願意分享，這不是個道德問題，而是個認識問題。在這個年齡段，孩子正在建構自我意識和「所有權」的概念：我、我的、我的東西。在他們心目中，所有的東西都是「我的」，並沒有意識到別人也有「我的」，也不明白為什麼要跟別人分享。

同時，他們尚未掌握「借」與「還」這種概念，不知道「借」出去的物品還能完璧歸趙，而是片面地認為一旦離開手，就意味着永遠消失。孩子只有認識到什麼是「我的」，什麼屬於自己之後，才能逐漸意識到什麼是他人的，把自己跟其他人的物品分開。

孩子要先弄清楚什麼是「我的」，什麼不是「我的」，而後才能

在反覆的社交活動中建立分享意識，逐漸體會到分享的快樂。

所以，我們不能因為一個玩具、一塊餅乾就給孩子貼上「自私」這樣的標籤，並且充滿焦慮和猜疑地想：「他怎麼變成這樣？」或者「這麼自私長大之後怎麼和人相處？」

有一個談話節目中設置了這樣一個情景，一架飛機滿載乘客，飛行途中沒油了，可飛機上只有一個降落傘，他問一個參與做節目的孩子，你看這傘給誰用？孩子幾乎不假思索地回答：「給我自己用」。這時，台下一片騷動，很多觀眾竊竊私語：多麼自私的孩子啊？

可是主持人沒有着急，蹲下來耐心地問：「為什麼呢？」

孩子滿臉淚水，清晰地說道：「我要跳下去，找到油後，回來救飛機上所有的人。」

這位主持人是一個善於傾聽者，由於他的細膩，讓大家看到了與自己最初想法截然不同的真相。所以，我們一定要站在孩子的立場上，傾聽、理解、接納他的想法，而不要先入為主地下結論。

著名的社會心理學家霍曼斯提出，人際交往在本質上是一個社會交換的過程，相互給予彼此所需要的。有的人把這種交換叫做人際交往的互惠原則。

孩子對分享私人物品覺得為難是正常，不要強迫，也不能要求小孩什麼都分享，把所有的玩具拿出來讓小朋友無限玩。即使是大人，

一旦對某樣東西產生擁有感，也會非常不願意放棄它。

其次，儘管孩子的分享意識等道德觀念受到認識能力的制約，但這並不意味着父母就可以聽其自然，而是要加以主動培養或引導。

小孩自己的東西他有權決定，分享是他的優點，不分享不是不對，搶別人東西才是不對。所以我們教他分享的好處，讓他知道分享是一件快樂的事，以及自私的人很難交到朋友。

在平時的生活中，也要有意識地培養他這方面的意識。比如在他吃什麼愛吃的東西時，大人可以和他開玩笑：「這麼好吃的東西，能分給媽媽一點嗎？」孩子還聽到這樣的要求，幼小的心裡會鬥爭一下，等他終於下定決心時，「行，給你吧！」

這時，大人會說：「寶寶，真乖！媽媽不吃，寶寶自己留着吃吧。」但是從教育的角度出發，大人應該愉快接受並表示感謝，而千萬不可說：「最好吃的給寶寶吃」或者「這麼好吃的東西，媽媽捨不得吃，專留給寶寶的」一類的話。這種做法，是和對孩子的分享教育效果相抵消的。

媽媽問兒子：「今天早上我在食品櫥裡放了兩塊蛋糕，準備午餐時吃的，現在只剩下一塊了。你說是怎麼回事？」

兒子十分驚訝地回答說：「噢，裡面太黑，我沒有看見那一塊。」

對於孩子的正確選擇，全家人都鼓掌表示寶寶做得對，受到表揚，

孩子也非常高興，慢慢地就養成了分享的好習慣，在和小朋友玩的時候，自然會做出正確的選擇。

此外，還要有意地創造「分享」的情境。

在這方面，清代大書畫家、「揚州八怪」之一鄭板橋就十分清醒。他一向主張應把自己的孩子和僕人的兒女平等對待：

> 家人兒女，總是天地間一般人，當一般愛惜，不可使吾兒凌虐別人。凡魚餐果餅，宜均分散給，大家歡喜跳躍。若吾兒坐食好物，令家人子遠立而望，不得一沾唇齒，其父母見而憐之，無可如何，呼之使去，豈非割心頭肉乎！

在假日裡，可以帶孩子到親友家去串門，請有小孩的同事、朋友帶孩子到家裡來做客，讓孩子把自己的玩具、圖書拿出來與小夥伴分享。當孩子要外出與其他小朋友一起玩時，鼓勵他多帶一些美食外出，分給別的小朋友一起吃，慢慢的他就會從這樣的活動中體驗到分享的樂趣。

此外，還可以定期舉行「快樂收禮物」的家庭活動，比如每個月最後一個星期天。在這一天，每個人都要精心準備一份禮物，以抽籤的形式，抽到誰，大家就都把禮物送給他，並且告訴對方禮物的含義，讓大家體會到，送禮物和收禮物都是一件快樂的事。

# 58 防禦反射：
### 孩子爆粗口怎麼辦？

不知從什麼時候開始，你突然發現孩子學會了講粗口，而且還很熟練。制止幾次，卻依然如故，這到底是怎麼回事呢？

孩子講粗口，主要原因是他覺得能宣洩自己不滿和憤怒的情緒。

美國馬薩諸塞文科學院（Massachusetts College of Liberal Arts）的心理學家提摩西（Timothy Jay）指出，「爆粗口是一種人體內在機制，像汽車喇叭一樣，實際上有多種功用。借由粗口我們能宣洩憤怒、訝異，甚至表達包括幸福快樂在內的許多情感。」

有一位父親領着幾歲大的兒子去商店買零食，可是兒子遲遲地拿不定主意想要什麼，父親有些着急，對兒子說：「男子漢做事要乾脆，想想平時爸爸是怎樣做的？」

兒子眼前一亮，高聲地叫了起來：「他 X 的，來一瓶二鍋頭！」

國外的一項研究也證明，當人受到外界強刺激的時候，粗口具有鎮痛的功效。實驗對象是一群大學生，研究人員把他們的手浸沒在冰涼的水中，並計時看他們能忍耐多久。

在這個過程中，允許被試自由重複一句粗話，或是使用較中性文雅的用語。67 名被試表示，在罵粗話的那一次中自己痛感較小，而且平均下來多堅持了 40 秒。

英格蘭基爾大學（Keele University）心理學家理查德．史蒂文（Richard Stephens）是這個研究小組的負責人，他認為：「當感到疼

痛時，人們大多有咒罵和爆粗口的反應。這裡面一定有更深層次的原因。事實上我甚至鼓勵這種行為。」

這一結論也得到了哈佛大學心理學家史提芬·平克（Steven Pinker）的支持。他在其著作《The Stuff of Thought》中，對爆粗口的行為進行了詳盡的分析，指出：「我猜想這大概是防禦反射的作用。當生物意外受傷或受限時，會爆發出某種突來的憤怒。這種憤怒多伴隨生物發出的一種憤怒聲音，以威嚇攻擊者。而髒話則正是這種防禦反射的反應。」

史蒂文教授認為，在通常情況下，比如揮錘砸到手指時，審慎地咒罵幾句對鎮痛還是有助益的。但告誡說，這種好處並非一勞永逸。

有一個缺陷是，我們咒罵得越多，其功效也變得越弱。到最後剩下的就只是這句咒罵本身了，而這幾個詞沒有了人類附加的情感則是不具有任何意義的，相應也無法再減輕任何疼痛。

由此可見，偶爾的粗口不過是緩解身心所受強烈刺激的一種反應。也正是由於這個原因，美國有專家指出「講粗口」是「靈魂的止痛藥」。

我們要理解，人始終是人，不可能時刻表現出超凡入聖的修為，遇着令人感到情緒激動的事情時，在積累了一定的情緒後，人都是需要藉着言語及行為將它宣洩出來的。

當孩子在生氣、受挫折、失望時，也會偶爾講粗口並表現得粗野無禮。不過通常這種極端的情緒不會持續得太久，所以有時大人忍不住要大發雷霆，但這種情況下最好還是克制自己，先瞭解一下孩子從

哪裡學到的這些粗話，以及他的情緒的由來。

孩子上學後，生活圈子已不止家庭。在學校、課外班，甚至是互聯網，他都可以有自己的朋友。

在交往中，孩子可能會受不良風氣影響，以為說粗話能獲得認同，為了「埋堆」而說。也可能是孩子希望在交際中獲勝，發覺講粗口可以「威懾」對手，便會故技重施。也可能是孩子感到無人疼愛或受忽視，發現「不良行為」反而能吸引父母關注，也會樂此不疲。所以爸媽在找尋問題根源時，要跟進孩子的成長。

多數情況下，孩子的情緒可能源於一些在大人看來是雞毛蒜皮的小事，但對孩子來說，卻是他們從未遇到衝擊。要耐心聆聽，也讓孩子在重述的過程中過濾及領悟事情。父母聽完後，也可提出一些解決方案，或與孩子討論應付方法，幫助他正面而切實地解決問題。

看到孩子講粗口時，父母要馬上向他表明你的立場，可以這樣說：「我們家每個人都尊重別人，我們從不像剛才那樣說話。」要告訴孩子，粗話不一定會嚇倒、嚇退別人，反而會給別人帶來傷害，使人感到很傷心和生氣，更會引起對方的鄙視，那是不是孩子想要的效果和希望塑造的形象呢？

要教孩子知道可以用其他方法處理不滿的事，讓情緒得到適當的排遣。比如聽強勁的音樂、看短片、和父母一起討論解決方法，都是一種發洩不滿的方式。

從 1971 年世界上第一台街機遊戲「SPACEWARS」被開發出來至今，電子遊戲已經存在了 40 年。隨着越來越多的人開始喜歡上這種娛樂方式，因為玩電子遊戲而犯罪的報道也屢見報端。特別是近幾年來，有關電子遊戲對於孩子的不良影響，也已經報道得夠多的了。

　　在很多人心目中，電子遊戲成了導致孩子犯罪的罪魁禍首。

　　那麼，電子遊戲是不是真的如有人所説是「電子海洛因」，必須禁止孩子接觸呢？

　　對電子遊戲的批評焦點之一，就是成癮問題。美國心理學家維吉爾‧葛里菲斯（Virgil Griffith）曾經對 387 名 12-16 歲的青少年進行調查。他得出的結論是：「由於玩電子遊戲有潛在的成癮可能，在一個八歲開始玩電子遊戲的孩子比一個十幾歲開始玩的孩子之間，它對前者更有害。」

　　我曾經聽過這樣一個笑話。一位父親找不到自己的兒子，就打電話問兒子的同學：「你知道小明在哪裡嗎？」

　　那同學簡潔地回答説「如果他有錢，就在玩電子遊戲；如果他沒錢，就在看別人玩電子遊戲。」

　　除了成癮之外，批評的第二個焦點問題是電子遊戲導致孩子的攻擊性行為。很多研究指出，玩暴力遊戲的孩子與其他同齡人相比，表現得更加不友善、心胸狹隘，更容易對暴力習以為常。但是，有關電

子遊戲和攻擊性行為之間的關係，至今還沒有哪一項研究獲得定論，而且多數研究只調查了短期影響，尚無人對玩家進行長期跟蹤以做出更詳盡的分析。

不過，玩電子遊戲一旦成癮，就可能如一位芬蘭心理學家指出的，對他們的思維和感情產生不良影響。

但是電子遊戲也並非是一無是處。因為現代電子遊戲已經成為一種複雜多變的娛樂方式，人們在玩的時候必須在多次失敗中總結歸納出方法，建構有關遊戲世界的系列假設，在遇到障礙時向其他玩家求助，解決問題和謎團，最終學會如何遊戲。

對於不玩遊戲的家長來說，可能會覺得這都只是浪費時間和精力。其實，玩家在遊戲中不僅獲得了快樂，同時也無意中自主學習了不少知識：他們得到了良好的空間思維能力，能夠同時處理大量的圖形信息，在讓人迷惑的立體空間中穿行，同時其思維的協調能力也得到了提高。

也就是說，電子遊戲可以幫助孩子思考，學會如何解決問題和做出決策；這就構成了「附帶學習」，即從他們所參與的其他活動中無意地學習，而不是像通過閱讀書籍那樣有意獲得的顯性知識。

同顯性學習一樣，附帶學習也是十分重要；雖然現在人們還沒有意識到附帶學習的重要性，但十幾年後，當初通過遊戲進行過附帶學習的孩子，必定比單純進行顯性學習的孩子更加適應這個社會。

美國福特漢姆大學（Fordham University）針對中學生所做的一個

研究，證實了這一結論。研究的內容是上手一款新遊戲對解決問題的能力有何影響。他們發現：「電子遊戲可以提高認知能力和知覺能力。某些電子遊戲有利於提高玩家的靈敏程度，也可以提高他們解決問題的能力。這些結論不僅對學生，對外科醫生也適用。」

在一次美國心理學會年會上，愛荷華州立大學的心理學家道格拉斯·詹蒂萊（Douglas Gentile）展示了一些研究結果，其中包括 33 起在電子遊戲影響下的腹腔鏡檢查手術。

研究顯示，在進行腹腔鏡檢查手術的外科醫生中，經常玩電子遊戲的與不玩電子遊戲的相比，完成一些難度較高的手術時，速度平均要高出 27%，出錯率則低 37%。

研究人員還提出，有的孩子雖然玩電子遊戲，但是所玩的遊戲是親社會的而不是反社會的。這部分孩子在學校很少惹事，樂於助人。

從原則上來談論是否禁止孩子玩電子遊戲毫無意義，因為電子遊戲存在着十幾個不同類型，每一個類型都有上千種遊戲的情況下。電子遊戲在幾個方面影響着孩子：遊戲內容、遊戲方式、遊戲時間。這也就意味着，不能用「好」或「不好」來簡單評價電子遊戲。

電子遊戲是一把雙刃劍，可能是導致成癮的源頭，也可能是很有效的教育手段，可以取得不少出人意料的效果。控制得當是天使，控制不當是魔鬼。我們所要做的，就是根據孩子的年齡和認知情況，幫助他選擇，並且有節制地玩。

# 60 印刻效應：
## 看電視對孩子的影響大嗎？

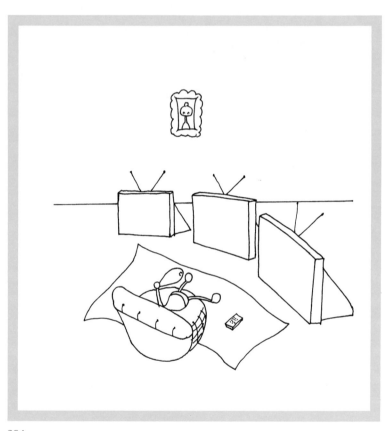

我的朋友 S 有一個「詭計多端」的孩子，經常和家長鬥智鬥勇。孩子下午四點就放學回家了，父母要求他不要看電視，先做作業或者練琴。可孩子卻趁父母沒回家時偷看，等父母快下班時把電視關上。過了幾個星期他爸才發現，只好通過摸電視機後面熱不熱來監督他，才管住他。

可是有一天 S 下班，卻發現電扇很奇怪地放在電視旁，才明白孩子在他下班前先用電扇把電視機吹涼，再拿起書本做學習狀。於是，S 下班回家的第一件事，又變成了摸電扇後面熱不熱！

孩子的表現，説明孩子的大腦還沒有受到電視太多影響。不過，他還是要小心。這個問題，讓我想起了英國奇幻小説家羅爾德·達爾在《查理和巧克力工廠》裡面所説的：「千萬、千萬、千萬別讓孩子，靠近你的電視，最好是別購買、安裝這最為愚蠢的東西。」

這句話看似極端，但卻是有一個心理學結論做依據的：孩子花在屏幕上的時間越多，他們的注意力問題越多。根據愛荷華州大學的一項研究表明，在 6 至 12 歲的孩子中，每天花費超過兩個小時看電視者，在集中注意力方面會遇到困擾。

英國兒童和媒介消費研究的專家迪米特里·克里斯塔基斯進行了一項研究，對家長和老師進行了關於孩子習慣的調查，並發現在屏幕前耗時多的人，有較嚴重的注意力問題的可能性，幾乎是其他孩子的兩倍。

在心理學上，有一個「印刻效應」。它是由德國習性學家海納羅

特和洛倫茲提出的，就是我們通常所説的「先入為主」。嬰兒出生後一個半月左右，耳朵基本上能聽到聲音，眼睛也能看見東西了。如果這時就給他長時間看電視，到兩三歲時，通常會表現出以下的傾向來：

（1）不會説話；

（2）不能注視母親的視線；

（3）活動劇烈，無法安靜；

（4）喜歡電視中的廣告，愛哼唱廣告音樂；

（5）獨立能力差，日常生活不能自理；

（6）不知道什麼是危險的事情；

（7）喜歡機械類的東西，並能較早地學會操作；

（8）顯示出很廣的知識面。

2007 年，約翰斯‧霍普金斯大學研究人員發現，每天看電視超過 2 小時的 5 歲以下兒童易患行為疾病。同年新西蘭學者發表的一份研究報告顯示，兒童每天看 2 小時以上電視，在青春期出現注意力障礙的幾率增加約 40%。

這可能有兩個原因：其一，電視節目畫面轉換迅速，容易「過度刺激」兒童正在發育的大腦，使他們覺得現實「沒勁」。心理學家克瑞格‧安德森指出：「在屏幕前時可能最具傷害的，是那種電視觀眾或遊戲者不得不做出許多快速決定的狀態。」

其二，看電視佔用了大量原本有利於培養注意力的活動時間，如閱讀、運動、遊戲等。

瑪麗‧埃文斯‧施密特等美國學者，選取 50 名年齡分別為六個月、一歲和三歲的嬰幼兒，發給他們各種玩具，讓他們玩耍一小時。前半小時中，研究人員打開電視，播放廣告和嬰幼兒難以理解的成人娛樂節目。後半小時則關閉電視。

　　觀察發現，電視處於打開狀態時，嬰幼兒似乎並不在意節目內容，每分鐘最多看一次熒屏，每次看熒屏時間只持續幾秒鐘。但他們明顯受到影響：玩耍總時間縮短，注意力難以集中。

　　這種影響不僅僅和孩子呆在屏幕前的時間有關，和孩子從中看到的內容也有關係。

　　今天的孩子看電視除了動畫片，基本上就是一些少年兒童節目。即使是動畫片，也可能對孩子有不良影響。

　　有心理學家曾經把一群孩子分成兩組，一組孩子是聽老師講白雪公主的故事，一組是看白雪公主的動畫片。然後，讓兩組孩子畫出心目中的白雪公主。

　　聽了故事的孩子，畫出的白雪公主各不相同，他們會根據想像，賦予白雪公主各種形象、裝束和表情；而看了動畫片的孩子，畫出的白雪公主全都一模一樣，因為他們看到的都是一樣的。

　　過了一段時間，研究者又讓這兩組孩子再畫白雪公主。聽故事的孩子，這次畫的和上次的又不一樣，因為他們又有了新的想像；而看過動畫片的孩子，畫的和上次還是一樣的……

　　這個例子的結論是什麼呢？動畫片把故事中的角色模式化了，這

297

束縛了孩子的想像，使孩子的大腦變得更加懶惰。所以，即使是優秀的動畫片，也需要家長陪着孩子看，而且要在看的過程中與孩子交流互動，不要讓孩子獨自地、長時間地看。

美國國家身心健康研究會，曾經圍繞電視對孩子的影響展開討論，並書寫了一份題為《電視與孩子》的報告。報告明確指出，不只是武打鏡頭，就連動畫片也會導致孩子們行動上的粗暴。哥倫比亞廣播公司非常贊同這一觀點，它説：「大多數十幾歲的男孩子看完武打片後，都學會了打架。」其實，被變得粗野的又何止是男孩呢？

三歲的女兒纏着爸爸講故事，爸爸搔了搔腦袋説：「今天就講個喜羊羊和灰太狼的故事吧。」

小女孩非常開心，撒嬌説：「爹地，你來當灰太狼，我當紅太狼好不好。」爸爸剛「嗯」了一聲，「啪」地一聲捱了個大耳光，只見女兒叉着腰朝他怒氣沖沖地吼道：「還不趕快去給我抓羊！」

誠然，電視的主要作用是「娛樂」，而不是教育。但對於孩子來説，教育與娛樂兩者之間很難區分。一些具有教育性的節目，事實上可能會益於孩子們的學習。因此，屏幕的影響，並不能意味着把電視或電腦跟孩子絕對隔離。

那麼，我們應該怎麼做呢？

英國的華德福教育專家馬丁‧洛森説：「如果你能讓孩子在

十一二歲之前不看電視，他們終生都將獲益。」我們也許做不到這一點，但卻可以聽從美國兒科學會建議，每天只允許孩子們在屏幕前呆一至兩個小時。

我們要告訴孩子，電視就是電視，它不是真實生活！真實生活中，所有人都必須離開電視去運動和工作！他沒必要總是呆在屏幕前，很多戶外項目都是不錯的的選擇！

同時，我們應當清楚地掌握自己的孩子在看什麼節目，以及他們看了多長時間。應該和孩子一起看電視，多和他們交流感受，在需要時對節目加以解釋，而不能讓孩子自己被動地去看。看完電視後，還應和孩子們一起討論，把電視節目變成激發思考的一個工具。